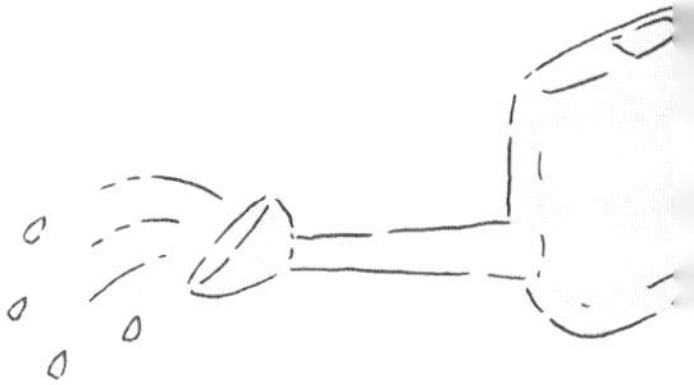

今井むつみ

親子で育てる
ことば力と思考力

筑摩書房

はじめに

我が子には、よりよく学び、よりよく生きていってほしい。親はみなそのように願っています。しかし、これまで人間がしていた仕事の多くがＡＩ（人工知能）に取って代わられると言われています。私たちは、未来――しかも50年、１００年先ではなく、今の子どもたちが社会人になるという、10年、20年先でも、社会がどうなっていて、どのような仕事があり、どのような人材が求められているのかが見通せない時代に生きているのです。

テクノロジーがどう変わっていき、時代がどう変化するかが見通せない中で、わが子をどのように育てたらよいのでしょうか。この問いに対する答えは明確です。どのような状況にも柔軟に対応できる**思考力**を持ち、何歳になっても新しいことを**自分で学ぶ**ことができる人間。**一生学び続けることができる**人間。

そういう人間が、これからの社会を「よく生きる」ことができます。

　このように言われると、多くの方は身構えて、「競争社会」ということばを思い浮かべるでしょう。わが子を「勝ち組」に入れなければ。そのために一日でも早く、幼児教育のための特別な教室に入れたり、よい教材を探したりして、他の子どもよりも早くに教育をはじめて、知識を教えなければ、と焦っているお父さん、お母さんも多いのではないかと思います。しかし、私の専門とする認知科学、発達心理学のこれまでの研究の結果は、それが逆効果だということをはっきりと示しています。なぜでしょうか。大人が躍起になって教えようとすればするほど、小さい子どもは、学ぶことに対するワクワク感を失ってしまい、自分で考え、学ぶことができなくなってしまいます。

　では何が必要なのでしょうか？　「自分で学ぶ力」です。自分で学び、常に知識をアップデートできないと、技術の変化に取り残されてしまいます。そして**自分で学ぶ力を育むためにとても大事なのが、「ことばの力」**なのです。

だれもが
自分で学ぶ力をもっている。

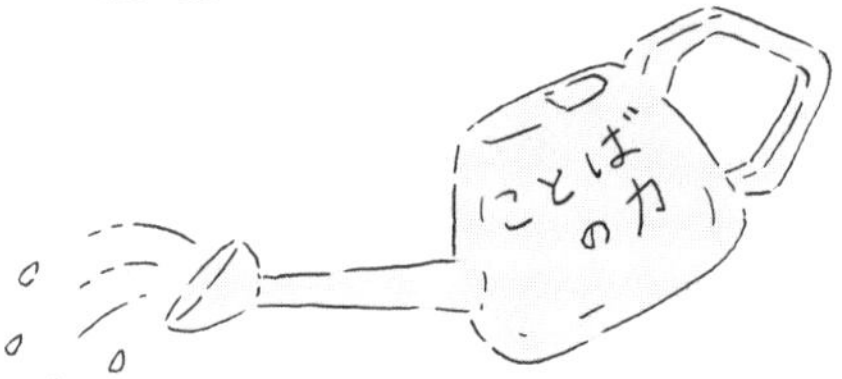

植物が育つのには
水が欠かせないように、

自分で学ぶ力には
ことばの力が欠かせない。

だからといって、

大人が子どもの脳にことばを入れることは不可能。

子どもはことばを自分で考えて覚えるしかない。

生きた知識だけが「ことばの力」になる

暗記しただけの使えない断片的な知識を「**死んだ知識**」と呼びます。その逆に、必要な時にすぐに取り出せて使える知識、他の知識と組み合わせて新たな知識を生むことができる知識を「**生きた知識**」と呼びます。母語の知識はまさに「生きた知識」の代表です。子どもは覚えた単語や文法の知識を自分でどんどん組み合わせ、自由自在に話すことができるようになります。つまり「生きた知識」を成長させていくことができます。

英語を学校で学んでもうまく話すことができないと思っている読者は多いと思います。なぜでしょう？　単語と文法をバラバラに教えられ、それぞれをべつべつに暗記しても、その暗記した知識を、どのように組み合わせて文を作るかは、教えてもらえないからです。つまり、英語が使えないという人は、せっかく時間をかけて覚えた知識が「死んだ知識」になってしまっている可能性が高いのです。

母語では覚えたことが自然と「生きた知識」になるのに、外国語では「死んだ知識」になりがちなのはなぜでしょうか？ 実はこの問題を考えることは、「どうしたら英語ができるようになるのか」という問題はもちろん、子どもの思考力と学力をどうしたら伸ばすことができるのかという、とても大事な問題にも答えをくれるのです。

生きた知識　と　死んだ知識

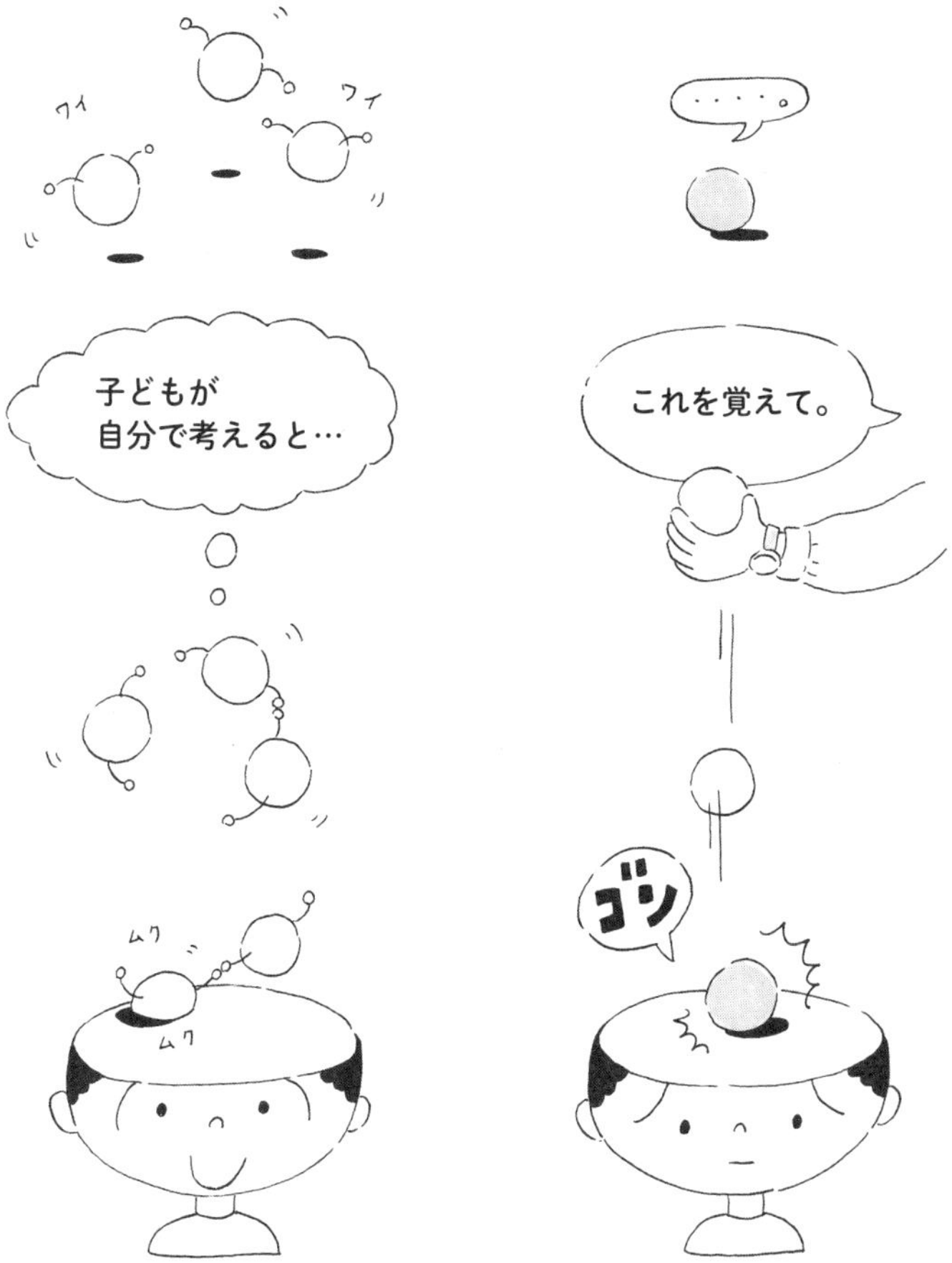

知識同士がつながろうと動きだし、
生きた知識に。

大人が知識を入れようとしても、
死んだ知識に。

本書でお伝えしたい6つのポイント

つまり、子どもが母語を覚えていく仕組みを知ることは、子どもが（実は子どもだけでなく、大人も）「生きた知識」を身につける方法を知る上でとても役に立つことなのです。

本書は、母語が育つ乳幼児期から、抽象的な言葉を使い始める小学校中学年くらいまでの子どもを育てるご両親向けに、子どもの言葉の力をどう育てていけばいいかを伝える本です。この本では「生きたことばの知識」を覚えていく仕組みをわかりやすく解説します。同時に、ことばといっしょに思考力がどのように伸びていくかも解説します。そして、ことばの力と思考力をいっしょに伸ばすために、大人が子どもに何をしたらよいのかもお話ししていきます。

本書で皆さんにどうしてもお伝えしたいことは、次の6つのことです。

- ことばの知識も、算数などのことば以外の知識も、大人がフラッシュカードなどを使って教え込み、**外から入れようとしても「生きた知識」には育っていきません**。
- 子どもに身につけてほしいのは、外から入れようとした「使えない知識（死んだ知識）」をたくさん持つことでなく、**思考力**です。
- 思考力は単に知識を持っていることではありません。知識を使って問題の意味を考え、最善の解決策を考えて、結論を引き出す能力（**問題解決能力**）です。そのためには、多くの「生きた知識」を持ち、それを必要なときに素早く記憶から取り出したり（**情報処理能力**）、必要な知識と今は必要でない知識を選り分け、不必要な情報を無視する能力（**実行機能**）も育てなければいけません。これらの能力も思考力の大事な要素です。
- **思考力はことばの力とタッグを組んでいっしょに育ちます**。乳幼児期に自分で考えてことばを覚えた機会が多いほど、思考力は育ち、伸びます。

・**小学校以降の学びには、日常会話で使うことばだけでなく抽象的な意味を持つことばが必要になってきます。**しかしそれらのことばも、大人が「外から入れる」ことはできないので、大人との会話や読書を通じて自分で抽象的なことばの意味を考え「生きた知識」として持っていることが必要です。

・だから乳幼児期から児童期にかけて、子どもがことばにたくさん触れ、ことばの意味を自分で考える機会をつくってあげることが、とても大切なのです。それが思考力を育て、自分で学べることにつながります。

本書では、この6つのポイントが「なぜ大事なのか」を説明していくとともに、**具体的に「ことばの力」と「思考力」に磨きをかけるための方法をお伝えします。**なぜ大事かをご理解いただくことで、本書で提案したこと以外にも、読者ご自身のお子さんに合ったさまざまな方法を編み出し、実践していっていただけることと思います。

もくじ

宝の地図
?
左だよ

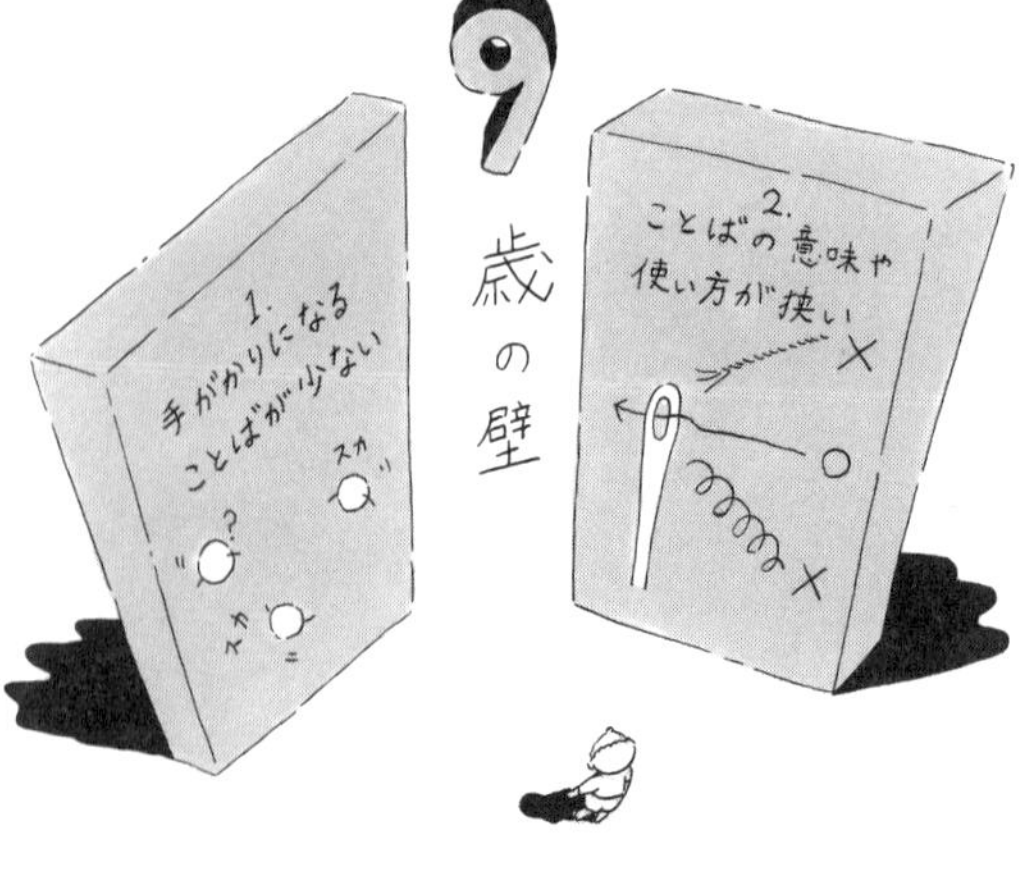

9歳の壁
1. 手がかりになる ことばが少ない
2. ことばの意味や 使い方が狭い

ことば力を育てる方法

イラスト 早川世詩男
イラスト原案協力 垣内 晴

1

子どもはことばをどう覚えていくか

この章では、子どもがどのようにことばを覚え、また自分の力でことばの仕組みを発見しているのか、解き明かしていきます。子どもは「自分で発見して考えて学ぶ」驚異の存在なのです。

ことばが指し示す範囲を探す――「ウサギ」の意味は？

母語のことばの覚え方は、大人（ある年齢以上の人）が外国語の単語を覚えていくやり方とはまったく異なります。大人が外国語の単語を覚えるときには、普通は、外国語の単語と母語の単語をセットにして覚えていきます。

例えば、“rabbit”という英単語なら、日本語で「ウサギ」と説明されます。すると私たちは“rabbit”がどういう意味かわかります。でもそれは、私たちがすでに「ウサギ」という言葉の意味を知っているからです。赤ちゃんは、そもそもどういうものがウサギであるかがわかっていません。どれがイヌで、ど

1
子どもはことばをどう覚えていくか

れがネコで、どれがハムスターかもわかっていないところからスタートするのです。

大人がウサギを指差して「見て、ウサギさんだよ」と言ったとしましょう。そこには、小さくて白くてふわふわした耳の長い生き物がいます。赤ちゃんはそれを「ウサギ」だと思います。

では、別の時に黒や茶色のウサギを見たとき、赤ちゃんはそれをウサギだと思えるでしょうか。あるいは、ハムスターみたいに小さいウサギはどうでしょう。ちょっと珍しい、耳の垂れたウサギについては？

これら全部がウサギであると言えるのは、

大人がウサギということばが指し示す範囲がすでにわかっているからです。赤ちゃんは、白いイヌやネコ、小さくてふわふわのハムスターを見ても、ウサギだと思うかもしれません。

ことばを話し始めた子どもは、動物を見るととりあえず何でも「ワンワン」と呼ぶことがよくあります。それは、「ワンワン」ということばが指し示す範囲がまだ理解できていないからで、もしかしたら「ワンワン」を「いきものぜんぶ」と思っているのかもしれません。**ことばの意味を理解するということは、そのことばが指し示す対象だけではなく、使える範囲がわかるということなのです。**

モノの特徴に注目する——レモンもはっぱも「おつきさま」

あるとき、1歳の赤ちゃんに絵本を読んでいたお母さんが、三日月の絵を示して「おつきさま」だと教えました。するとその子は、牛の角や枝豆のさや、

クロワッサンなどを見ても「おつきさま」と言うようになりました。レモンのスライスも、おひさまが当たって光る葉っぱも……その子は三日月の弧を描く、端の尖った形の特徴、黄色い色、きらきら光ることなどの特徴に気がつきます。しかし、それらの特徴の中のどれが似ていれば「おつきさま」ということばになるかにはまだ気がついていません。だから、どれか一つでも似ているところがあるとそのことばを使ってしまうのです。

でも、それから数か月すると、子どもは、いろいろな特徴にばらばらに注目してことばを使っていくかわりに、モノの名前なら全体の形だけに注目するようになります。それはこのような実験からわかりました。

左上の絵のような、子どもが知らない動物（実際にはいない架空の動物のぬいぐるみ）に「ネケ」という名前をつけます。そのあと、その動物と、①〜③の3つの動物のぬいぐるみを見せます。「ネケはどれ？　ネケをちょうだい」とその子に言います。もし子どもが、ただ、「ネケ」と教えられた動物の結び

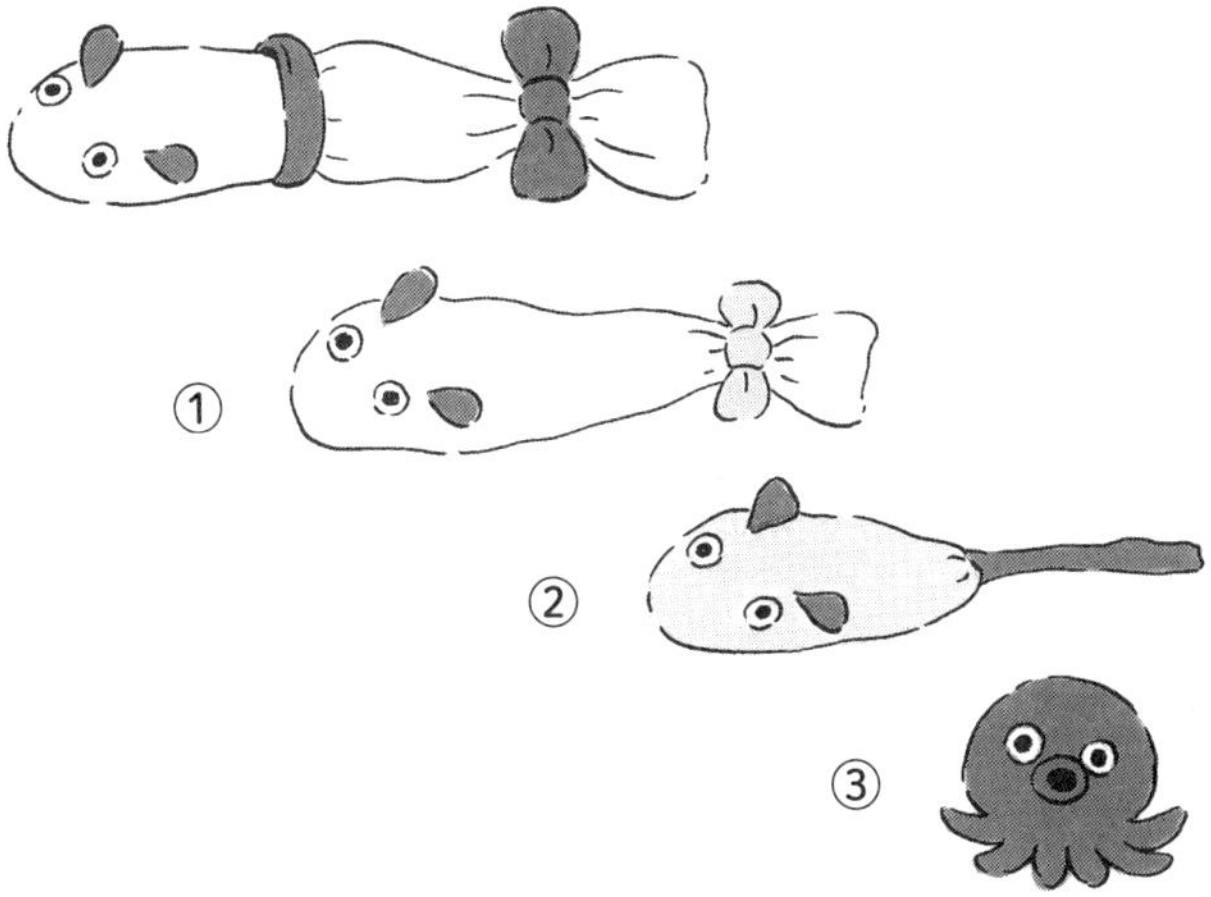

つきを「暗記」しただけなら、最初のぬいぐるみだけを取るはずです。しかし、2歳の子どもは、直接教えられたぬいぐるみだけでなく、①と②の動物も取り、「ネケ」と言いました。子どもはその時までの経験から、モノの名前は、形が似たものにも使える、大きさや模様は違っても、形が似ていれば同じことばで呼ばれる、ということを発見していたのです。

一度、形が似たモノに同じ名前がつく、ということを発見すると、その知識を使って新しいことばをどんどん覚えていくことができます。その結果、知っていることばが急速に増えていきます。自分で発見した知識が新しい知識を生む。知識が成長していく仕組みのとても良い例です。

知らないことばの意味を推測する

また、子どもは、自分が知らないことばの意味を推測するのに、知っていることばの知識も使います。**知っていることばが多ければ多いほど、子どもは新しいことばの意味を素早く、正確に推測できるようになっていきます。**

例えば左下の絵を見ながら「フェップは黒いのよ。フェップを探して」と大人に言われたとしましょう。みなさんは「フェップ」はどれだと思いますか？　4つのモノの中で、クレヨンとベビーカーは「フェップではない」と考え、さらに左上のモノは黒くないので除外すると、右下のものが残るので、それが

「フェップ」と考えるのではないでしょうか？　「クレヨン」「ベビーカー」「黒」ということばを知っている子どもも、そう考えて、自然と「フェップ」ということばの意味を覚えてしまいます。しかし、「クレヨン」「ベビーカー」「黒」ということばを知らなければ「フェップ」は4つのどれか、まったくわからないのです。

発見したことをすぐ別のシーンで応用する

子どもは、知っていることばの数が

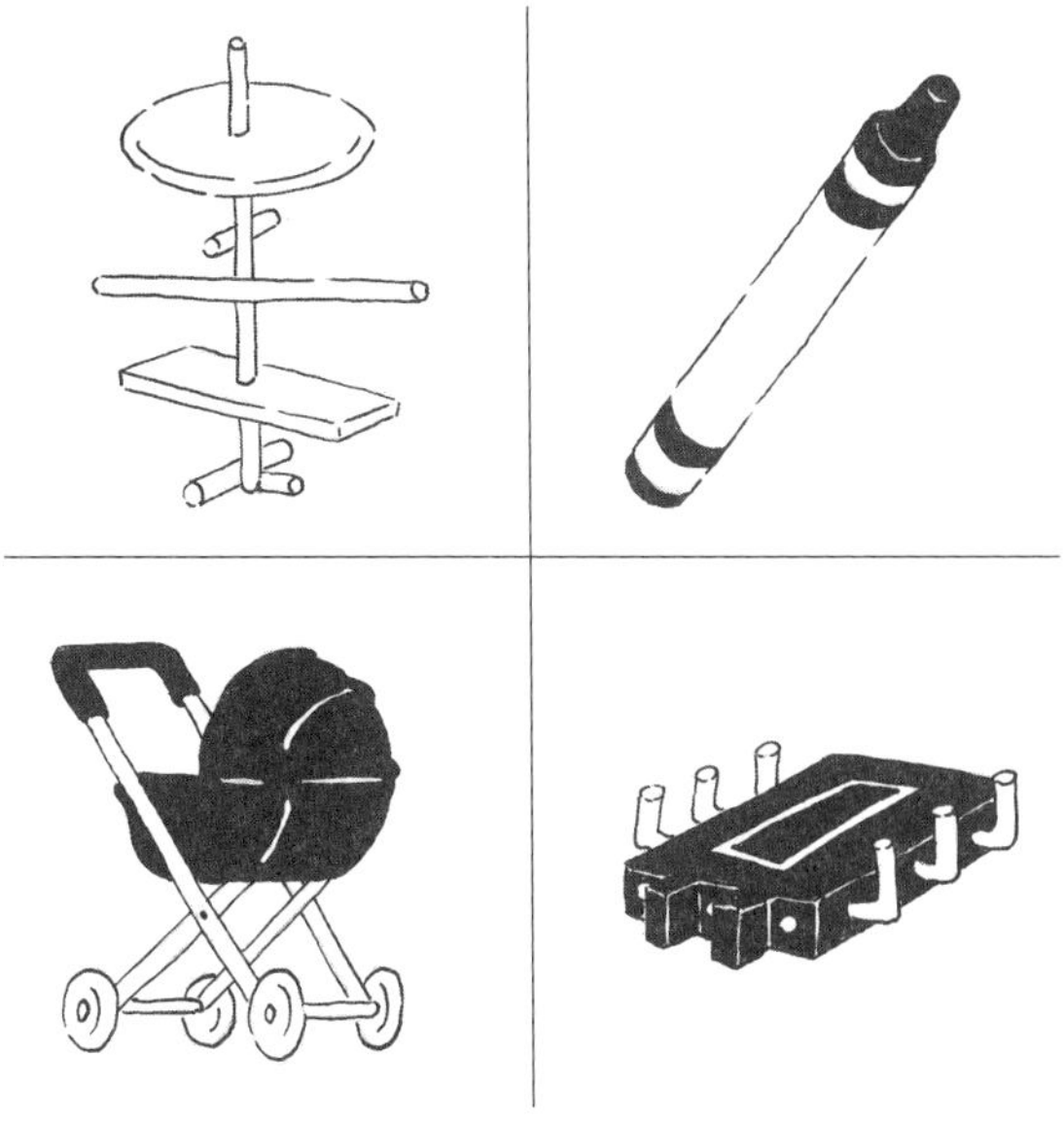

少なくても、自分の知っていることばを組み合わせて新しい表現を考え出す天才です。また、言語の仕組みを自分で見つけていくすばらしい能力があります。その能力は、子どもの言い間違いから垣間見ることができます。いくつか例を見ていきましょう。

例えば、イチゴを食べるとき、子どもがお母さんに「イチゴのしょうゆをちょうだい」と言った例がありました。「練乳」や「コンデンスミルク」ということばは知らなくても、豆腐にかける調味料が「しょうゆ」だということは知っていたのですね。その子どもは、「食べものにかけて味をつける液体を、しょうゆというのだろう」というようなことを推測して、いちごにかけるコンデンスミルクも「しょうゆ」と言えると思ったのでしょう。

別の子どもは、おばあさんがお客様に「粗茶ですが」とお茶を出したときに、「おちゃ」ではなく「そちゃ」と言ったことに気づき、なぜ「そちゃというの？」と聞きました。おばあさんが「お客さんには「ソ」をことばの最初につけ

るのよ」と言うと、子どもはすかさず自分の家のネコをお客様に紹介するときに得意気に「ソネコです」と言いました。

言語では、単語に小さな要素をつけて、意味をつけ足すことをよくします。例えば、「不」がつくと否定になりますし、「お」をつけると丁寧な言い方になりますよね。「粗茶」の「ソ」もそうですね。この例は、子どもが大人の話を聞く時に、アンテナを張りめぐらせ、そういう要素を素早く見つけ、その意味を探り出す「分析力」と、自分で発見したことをすぐに別のところで使う「応用力」を持っていることを示しているのです。

大人が気づかない関係性に気づく

動きのことばでも、子どもはよく言い間違いをします。例えばある子どもは、ボールを蹴《け》る人を見て「足でボールをナゲタ」と言いました。私はそれを聞いたとき、心底感心しました。「投げる」も「蹴る」も、ボールのようなモノに力を加え、それを空中に飛ばし、その結果モノは空中を移動して、最初のところとは違う場所に着地する。そういう共通性があります。でもその共通性は簡単にわかることでしょうか？

「投げる」動作と「蹴る」動作を頭の中でイメージしてみてください。似ていますか？　見た目にはあまり似ていないですね。力を加えるのは手と足で、し

かも力を加えるときの手、足の動き方もずいぶん違います。私は大学の授業の中で、学生さんたちに、「投げる」と似た意味を持つ動詞を挙げてください、と聞きました。みなキョトンとしてしまいました。「投げる」が「蹴る」ととても似た意味を持っていることに気づいた人はいなかったのです。「足でボールを投げた」と言った子どもは、視覚的に似ていることに気づいたのではなく、「投げる」という動詞が指す、手の動作とボールの動きの間の因果関係に気づき、さらに目の前の、だれか

が足でボールに力を加えて、その結果、ボールが宙に浮かんで移動した状況が「同じ因果関係」があることに気づいたのです。

「歯で唇を踏んじゃった」と言った子どももいます。「歯で唇を噛《か》んじゃった」の言い間違いです。「踏む」と「噛む」をイメージしてみましょう。「踏む」は足だし、「噛む」は歯なので、ビジュアルイメージはずいぶん違います。しかし、どちらも上から下方向にモノに力を加えるというところで共通しています。これもずいぶん抽象的な関係の共通性ですね。「踏む」という動詞を、子どもは単に、ビジュアルイメージだけで覚えていたのではなく、力を加えるモノと加えられるモノ、上から力を加える動き、という3つの要素から成り立っているということを理解し、その3要素を満たしている「噛む」状況にも使うことができるのです。この分析力に脱帽です。子どもは、時に、大人でも気づかな**いモノとモノの間の抽象的な関係性に気づくことができる**のです。

文法も自分で分析して覚える

子どもは「好きじゃない」「きれいじゃない」というところを、「好きくない」「きれいくない」と言うことがあります。「大きくない」「おいしくない」などの言い方を覚え、それを当てはめて「好き」「きれい」の否定の形を創ろうとしたのです。

「野球にはピッチャーとキャッチャーとバッチャーがいるんだよ」と言った子どももいました。「ピッチャー」「キャッチャー」ということばから、野球で何かする人は語尾に「チャー」をつけると自分で「発見」し、そこから「バッチャー」ということばを創ったのです。

「三角いつみき」「おもしろいの本」という言い間違いもよく聞きます。これも「四角いつみき」「ぼくの本」という言い方を知っていて、それを応用して作られた言い間違いです。子どもは、すでに知っていることばや言い方を分析することで自分できまりを発見し、文法も覚えていくのです。

漢字の読み方も自分で発見

ある4歳の男の子がお母さんといっしょにスーパーに行ったとき、水菜の袋をさして「ぼくこれ読めるよ。みずなって書いてあるんでしょう？」と言いました。パックには「みず菜」と書いてありました。

この子どもは水菜がどんな野菜か知っていました。「菜」という漢字の読み方は知りませんが、野菜を見て水菜だとわかり、ひらがなの「みず」は読めたから、「菜」を「な」と読むとわかったのです。

「そうだよ、漢字なのによくわかったね」とお母さんがほめて、隣にあったパックの「こまつ菜」の読みを聞いてみたら、その子どもは「こまつな」と正解したそうです。自分の知識を使って漢字も自然と読めるようになってしまう。ほんとうに子どもってすごいですよね。そしてこのように**自分で考えて知った知識は人から教えてもらったことよりずっと深く心に刻み込まれ、忘れることがないのです。**

語彙のシステムをバージョンアップする

一つ新しい単語を覚えると、その単語は、子どもがすでに持っている他の単語と関係づけられます。新しく覚えた単語は、語彙の表面にペタンと張り付くのではありません。その単語が入ってくることによって、それと関連する他の単語たちの意味が変わるのです。

例えば、ひつじのことを「ワンワン」と呼んでいた子どもが「ひつじ」ということばを覚えると、ひつじは「ワンワン」ではない、と自分で気づきます。

そして「ワンワン」の範囲を大人の「イヌ」の範囲に近くなるように修正します。「しばいぬ」や「プードル」は「イヌ」と並ぶのではなく、「イヌ」に含まれる名前です。「ぽち」は「しばいぬ」であり、それは「イヌ」に含まれ、「イヌ」は「ペット」や「どうぶつ」に含まれる。そういうことも子どもは学びます。そしてそこから、「モノの名前」には「プードル」と「イヌ」、「イヌ」と「動物」のように、「含む―含まれる」という関係もあれば、「ヤギ」「ヒツジ」「イヌ」「ネコ」のように、互いに対立する関係もあることを知るのです。

これを直接確かめるために、私は、２歳の子どもを対象に、ある実験をしました。子どもたちに卵の形をしたボールを見せ、指さして「これはヘクだよ」と教えました。子どもたちは、それが「ヘク」だと聞く前は、「ボール」と呼んでいました。しかし、「ヘク」ということばを教わると、それは「ヘク」だから「ボール」ではない、と言いました。つまり、子どもたちは、以前は「ボール」と呼

1

子どもはことばをどう覚えていくか

んでいた卵型のボールが「ヘク」という新しい名前で呼ばれるのを聞いたとき、「ヘク」は「ボール」と横並びする（つまり、「イヌ」と「ネコ」のような）関係だと自然と考えたわけです。

今度は、別の子どもに、水玉模様のある球形のボールを見せ、同じように「ヘクだよ」と教えました。そのとき子どもたちは、そのボールは「ヘク」だけど同時に「ボール」でもある、という反応をしました。つまり、「ヘク」を特殊な種類のボール（つまり、「イヌ」と「チワワ」のような関係）と考えたわけです。

つまり、2歳までに、子どもは、モノの名前には、互いに対立するヨコの関係や「含む―含まれる」というタテの関係があることを学んでいます。しかも、それだけでなく、新しいことばをどちらの関係と考えたらよいかもいっしょに学んでいるのです。この場合、子どもたちが手がかりにしているのは形です。もともと知っている名前のカテゴリーによくある、ぴったりな形をしていたら、

新しい名前は、知っている名前の下にくる（もとのカテゴリーに含まれる）名前。もとのカテゴリーとしてはちょっと外れてしまっていて、おさまりがよくない形をしていたら、新しい名前は、もとの名前のカテゴリーと違う（並列の）カテゴリーを指す名前。子どもは、2歳にして、語彙がどのような関係からできているかを分析し、新しいことばがそのどこに収まるのかを考えています。**新しいことばを覚えるとき、その見分け方もいっしょに探り出しているのです。**

自分中心の視点から離れて世界を見る
——大きいネズミと小さいゾウ

ことばというと、「ウサギ」「リンゴ」のような具体的なモノの名前をどれだけ知っているかが大事だと思われがちです。しかし、ことばのもっとも大切な役割は、**関係を表すことができること**なのです。

「大きい―小さい」。いつも使うことばですね。どういうときにこれらのことばを使いますか？　子どもなら、「もっと大きなケーキがほしい」「ぼくのハンバーグは小さすぎる」などと言いそうです。しかし、「大きい」とか「小さい」は、実はとても抽象的な意味を持っています。

ここでちょっと考えてみましょう。「大きいネズミ」と「小さいゾウ」、大きいのはどっちでしょう？　気がつきましたか？　「大きい」ということばを使うときは、基準が必要なのです。その基準は、普通ははっきり直接言われることはありません。でも、「大きいゾウ」と言うときには、その人の心の中に子どものゾウや大人の大きいゾウがあって比べています。「ゾウは大きい」と言うときはどうでしょう。ゾウと他の動物を比べています。

「大きい」ということばを使うとき、私たちは、自分中心の視点ではなく、相対的にものごとを見ています。「大きい―小さい」ということばを使うには、比べるための枠《わく》が必要です。この

ことばを使うとき、私たちは無意識にその枠を探します。話し手と聞き手の間で同じ枠が共有できてはじめてこのことばの意味が理解できるのです。しかし、何が枠になるのかは、目には見えないのに、大人が直接言うことはあまりありません。子どもは自分で探さなければならないのです。

子どもは最初は「大きい」「小さい」を特定のモノと結びつけて考えます。ゾウはいつも大きくて小さいゾウはいない。アリはいつも小さくて大きなアリはいない。そう思っています。でもそのうちに、小さいゾウもいるし、大きいアリもいると気づく。その気づきは、**世界を自分中心ではなく、相対的な見方でできるようになる最初の一歩となる**のです。

枠を自分で探す——前と後ろ

「前」と「後ろ」もいつもあたりまえに使っていることばです。でも、先ほど述べた「枠を自分で探さなければならない」ことでは究極のことばです。パーキングスペースによく「前向き駐車お願いします」と書いてありますね。でも、通路の方を向いている車もあれば、進行方向に向いている車もあります。なぜでしょう？

「前向き」の枠が人によって違うことが原因です。ある人は、自分の進行方向を「前」と思い、別の人は通路の方向を「前」と思ったのでしょう。

「前」ということばを使うとき、二つの枠があります。「お箸を右手で持つ」と言うときは、自分が中心です。でも、「隣の家の前にボールがころがっていったよ」と言ったら、どうでしょう。今度は自分ではなく、隣の家が中心になります。つまり、「前」というあたりまえのことばを使うためには、聞き手は、まず話し手の想定する「枠」を探さなければなりません。

もちろんこれは「前」ということばだけの話ではありません。「後ろ」「右」「左」も連動しています。「右」や「左」ということばの意味を理解するために

は、子どもは、見てもそこにはない話し手の「枠」を探さなければなりません。そして、その枠の中で相対的な関係を決める。私たちは、こんなにも複雑な心の操作をあたりまえにして、「右」とか「左」とかいうことばを使っています。

こんな複雑な意味を持つことばを覚えられるなんて子どもはすごいと思いませんか？　確かに子どもはこれらのことばに手こずります。「右手を上げて」と言ってもわからなくて「お箸を持つ手」と言わないと通じない。そういう時期が4〜5歳くらいまで続きます。でも、やっぱり、子どもはこの難しいことばの意味を最終的には自分で見つけ出すのです。

このように、子どもはだれでも、ごく自然に、こういう離れ業ができます。**子どもはほんとうにすごい分析力、推論力、学習力を持っているのです。ただし、子どもがこの能力を最大限に発揮するためには、まわりの大人の接し方が大きく影響します。**どのような話しかけや接し方をすれば、子どもの能力を最大限に引き出せるのかについては4章で詳しくお伝えしますので、しばしお待ちください。

2 ことばの力と「思考力」

1章でお話ししてきたことから、ことばは「暗記して覚える」ものではないことがおわかりいただけたと思います。ことばを覚えるということは、自分で「考えて」その結果を記憶することだと言えるでしょう。

この章では、「考える力」を「ことばの力」がどのように支えているのかをお伝えします。ことばを覚えることは、子どもがだれでも持つすばらしい「考える力」があって可能になります。しかし、もともと持っている「考える力」だけで十分なわけではありません。「考える力」はことばの学習を通して成長していきます。「ことばの力」と「考える力」は連動し、一方が伸びればもう一方がますます伸びる、というような関係にあるのです。

「思考力」っていったい何？

「考える力」とはすなわち「思考力」です。「思考」というと、机の前にすわ

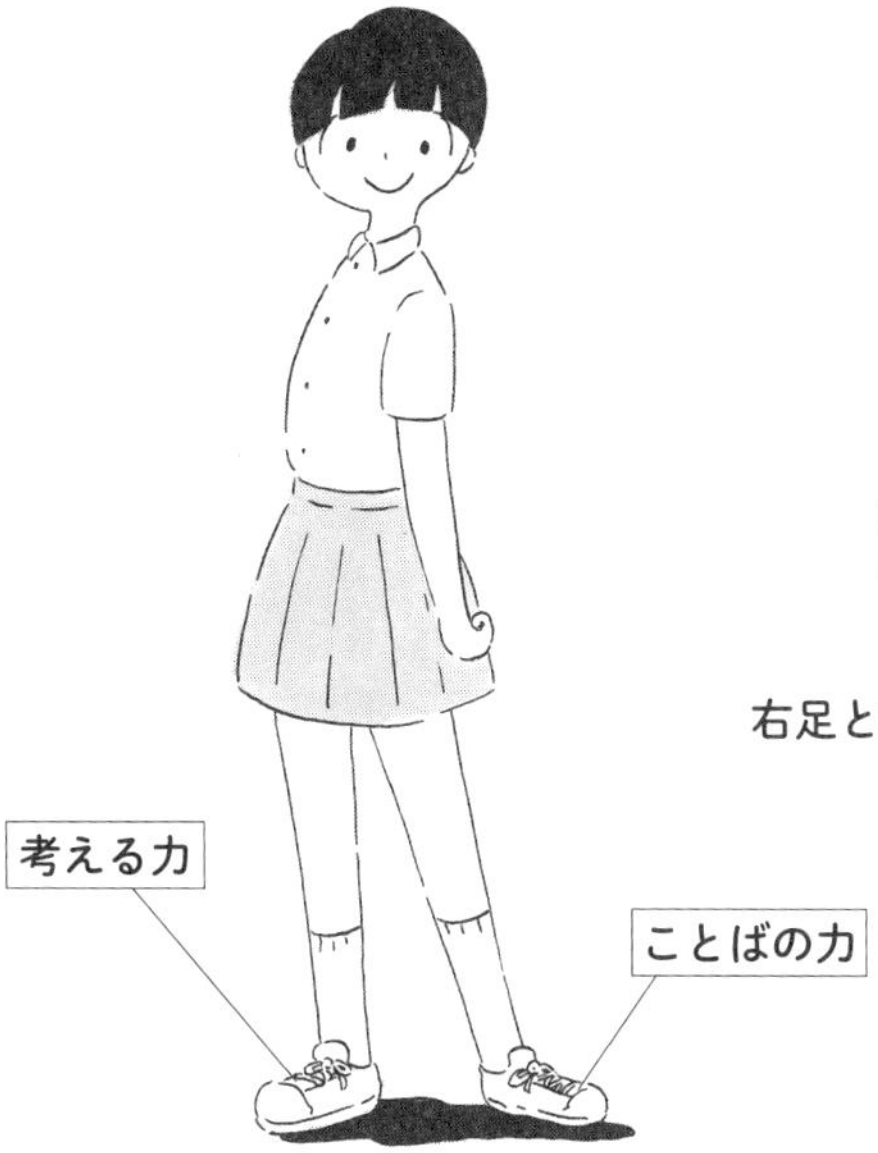

考える力

と

ことばの力

は、

右足と左足のような関係。

「歩く」とき、右足が出れば、左足も勝手に前へ出るように、
考える力 が磨かれれば、もう一方の ことばの力 も発達する。

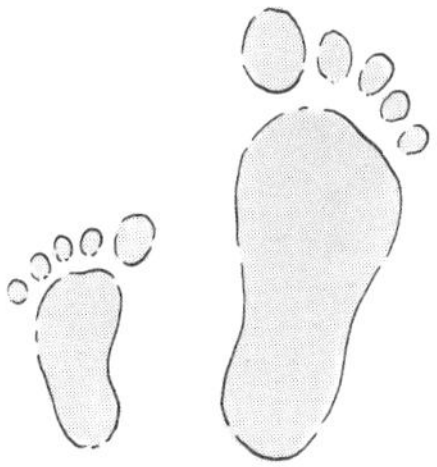

右足と左足でサイズが大きく違う！　などということは無いように、一方の力だけが発達することは無い。

鍛えれば鍛えるほど速く走れるように、練習することでますます考える力もことばの力も強化されていく。

ってウンウンうなりながら問題を解いている姿をイメージする方が多いかもしれません。しかし、思考には心と脳で起こる、目には見えない過程も含まれます。

「思考力」は言い換えれば、問題解決をする力です。問題解決をするには、**推論**しなければなりません。手持ちの知識を使って未知の事態に対応したり応用したりする。それが推論です。これを子どもたちはことばを学習するときに繰り返し行っているのです。ちょっと漠然としているので、ことばの意味を子どもがどのように推論しているのかを考えながら説明していきましょう。

推論って何？

例えば1章でお話しした、初めて聞くことば「フェップ」が何を指すのかを子どもがどのように決めたのかを考えてみましょう。子どもはまず、候補の絵の中の、二つの絵が「ベビーカー」と「クレヨン」だとわかったら、それは「フェップ」の候補から外すということでしたね。これは立派な推論です。「ベビーカーやクレヨンのことを言っているのなら、そう言うはずだ。だから「フェップ」は名前を知らないモノのはずだ」というふうに考えるのです。子どもは名前を知っているモノと名前を知らないモノが両方あるときに知らない名前を聞くと「このことばが指すのはＡ（名前を知っているモノ）ではない。だからこのことばはＢ（名前を知らないモノ）である」と推論しています。これは「**相互排他の推論**」と言い、大人でも日常的によくしています。

ひつじのことを「ワンワン」と呼んでいた子どもが、ひつじを見ているときに「ヒツジ」という新しいことばを聞くと、「ああ、これは「ヒツジ」なんだ。だから「ワンワン」ではないね」と考える、ということもお話ししました。これは**相互排他の推論の応用編**です。「あれ、自分では「ワンワン」って呼んでいたけれど、お母さんは「ヒツジ」って言ってる。だからヒツジなんだね。そしたらこれは「ワンワン」ではないね」と推論して、範囲が広すぎていた「ワンワン」から「ヒツジ」を除外し、範囲を狭めることをしていたのです。

「いちごのしょうゆ」のことも思い出してください。子どもは、いちごにかける甘いミルクのようなものが欲しいのですが、名前を知りません。その時、記憶から「同じようなもの」を引っ張ってきます。ほうれん草とか、お豆腐とか、生卵とか、いろいろなものにかけて食べ物をさらにおいしくするしょうゆ。いろいろな食べ物としょうゆの関係を、いちごに応用して、「いちごのしょうゆ」と言ったのです。味とか見た目の「同じ」ではなく、食べ物とそれをおいしくする液体という「関係の同じ」をとらえたのです。このように、関係の「同じ」を見つけ出して、それを使って知らないことを推測する推論を「**アナロジー（類推）**」と言います。

推論＝～かもしれない／～だろうか？と見当をつけること。

相互排他の推論　知っていることを避けて見当をつけること。

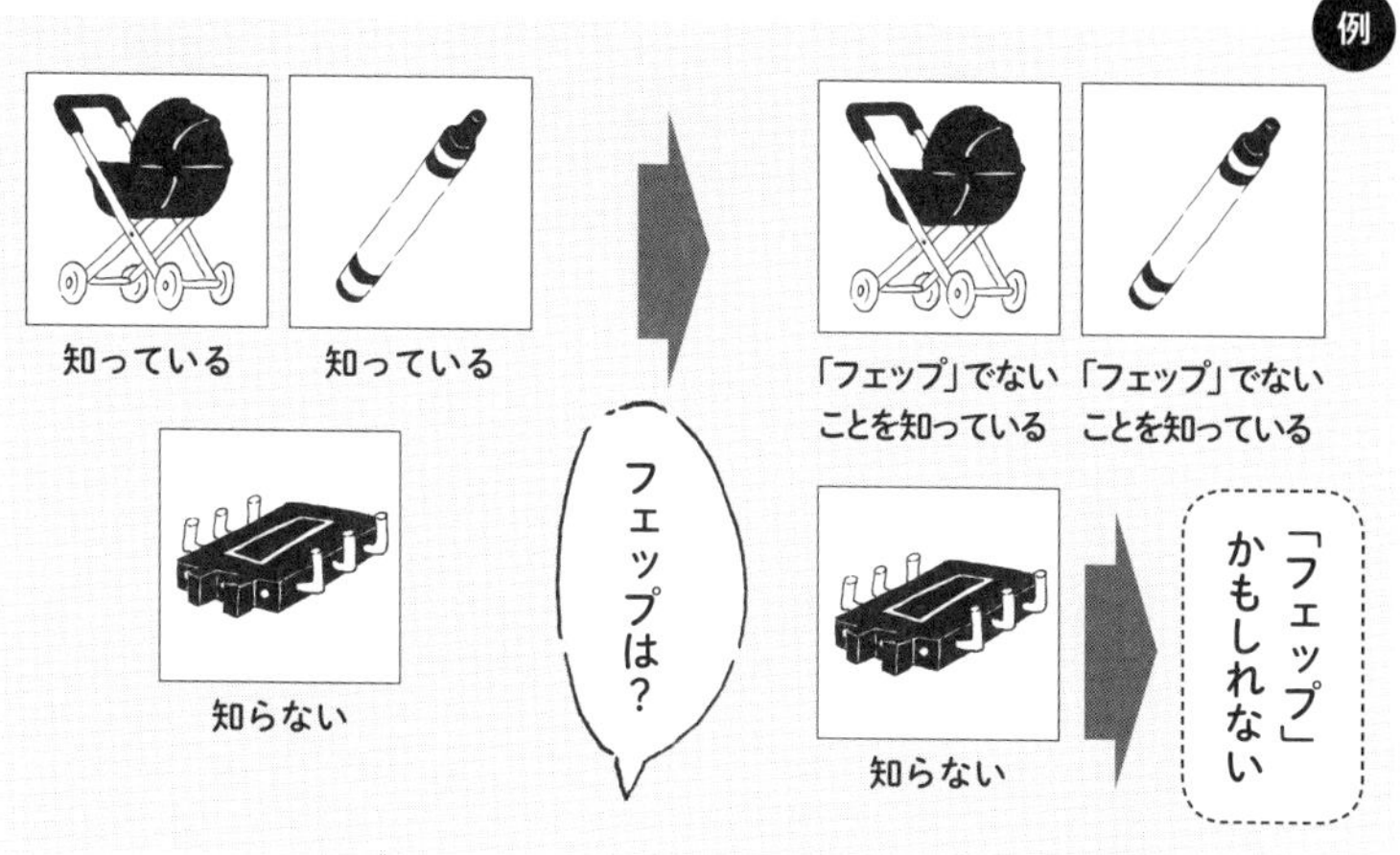

アナロジー（類推）

知らないことを示すとき、似ている　×見た目　ではなく、
○関係性　に注目して見当をつけること。

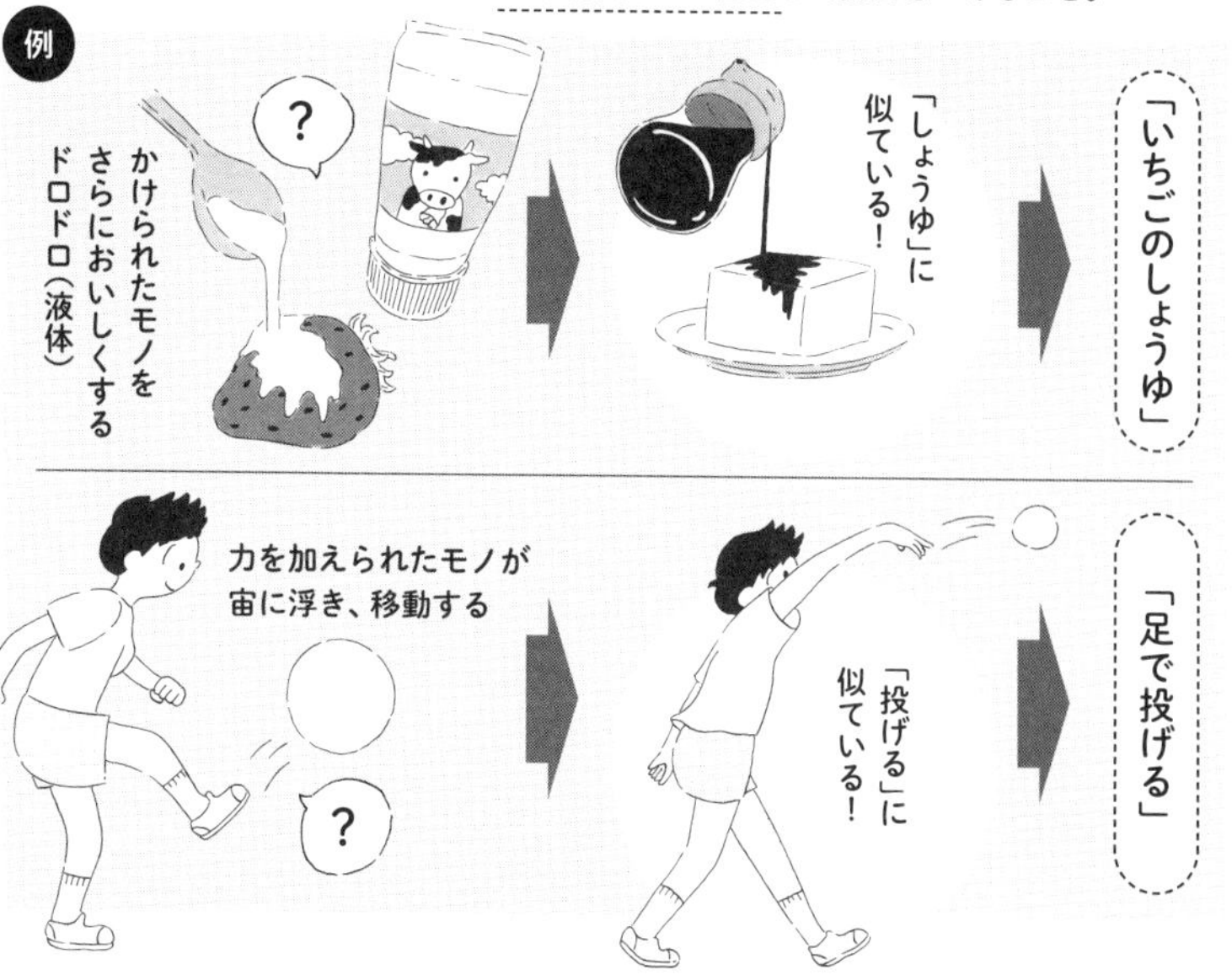

1章で紹介した言い間違いの「足で投げる」「歯で唇を踏む」の例もそうです。「踏む」という動詞を、子どもは、力を加えるモノと加えられるモノ、上から力を加える動き、という3つの要素から成り立っているということを見抜き、「噛む」状況はそれと同じだと気づきます。そして、ことばがわからない、歯が唇を押しつける状況で「踏む」を使ったのです。この一連の思考は立派なアナロジーです。

「ピッチャー、キャッチャー、バッチャー」という間違いも、推論の働きによるものです。この推論は、**共通したパターンを見つけ、それを新しい状況に応用する推論**です（これは専門的には「**帰納推論**」と言います）。

人は、相互排他の推論、アナロジーの推論、帰納推論などを組み合わせ、問題を解決し、新しい知識を自分でどんどん作っていくのです。ですから**推論をする力は「思考力」のコアになるとても大事な能力**です。しかし、推論をして問題を解決するためには、知識が必要です。

帰納推論

知っていることの中で発見した共通するパターンを、知らないことへ当てはめて見当をつけること。

あることを知っていても、その知識が必要な時にうまく取り出せなければ推論がうまくできません。「知っていることばを取り出す力」が新しいことばの意味を考えるときにとても大事になるのです。

知識を素早く取り出す力
——情報処理能力

ことばをうまく使うためには、記憶からただ取り出せればよいというわけではありません。どれだけ素早く取り出せるかが大事です。もたもたせずに、ささっと必要な情報を記憶から取り出せると、その分、脳で思考する容量を「推論」に使うことができます。

知っていることばを素早く取り出せる能力、つまり「**情報処理能力**」は、年齢とともに発達していきます。1歳半の子どもより、2歳の子どものほうが、ずっと素早い取り出しができます。でも、同じ年齢の子どもでも、子どもによって差があります。

二〇〇二年にスタンフォード大学ではこのような実験が行われました。赤ちゃんにテレビモニターの前に座ってもらい、赤ちゃんが知っているはずのモノ、例えば、ウサギとイヌの写真を見せます。そして赤ちゃんに「ウサギを見て」と語りかけます。まだ1歳台の赤ちゃんでも、正しいほうの絵、つまり「ウサギ」を見ることはできます。でも、最初はウサギとイヌの間で視線が泳いだり、しばらくイヌを見つめてからやっとウサギを見たり。それが2歳になると、「ウサギを見て」と言われるとすぐにウサギに視線を動かすことができます。

この研究で、２歳の時点で、知っていることばを記憶から取り出すスピードに子どもの間でかなり差が出てしまっていることがわかりました。半年分くらいの違いが生まれてしまっていたのです。知っていることばの取り出し能力が低い子どもは、新しい単語の意味を考えるとき、その単語と関係しそうな、すでに知っている単語を思い出し、その単語との関係を考える、という流れがスムーズにできずに、知らない単語の意味をうまく推測できなくなってしまいます。そしてそのために、ことばを増やすことがうまくできなくなってしまうのです。

思考をコントロールする能力——実行機能

もう一つ、「考える力」に含まれる大事な能力に、「思考をコントロールする力」があります。これは「**実行機能**」と呼ばれるものです。「思考のコントロール」には次のようなステップが必要です。

①必要な情報に注意を向け、情報を自分の中に入れる。また、必要に応じて注意を切り替える。

②選んだ複数の情報を、一時的な記憶の貯蔵庫にためておき、すぐに取り出せるようにしておく。

③不必要な情報に注意が向かないようにしておく。

問題を解決するとき、この「思考をコントロールする**実行機能**の力」はとても大事です。もちろん、新しいことばの意味を考えるときにも必要です。

例えば、新しい「動きを表すことば（動詞）」を聞いたとしましょう。そのとき、子どもが注目しなければならないのは、登場人物そのものではなく、登場人物同士の動作です。つまり、動詞の意味を考えるためには、登場人物やモ

情報処理能力（記憶からササッと知識を取り出す力）

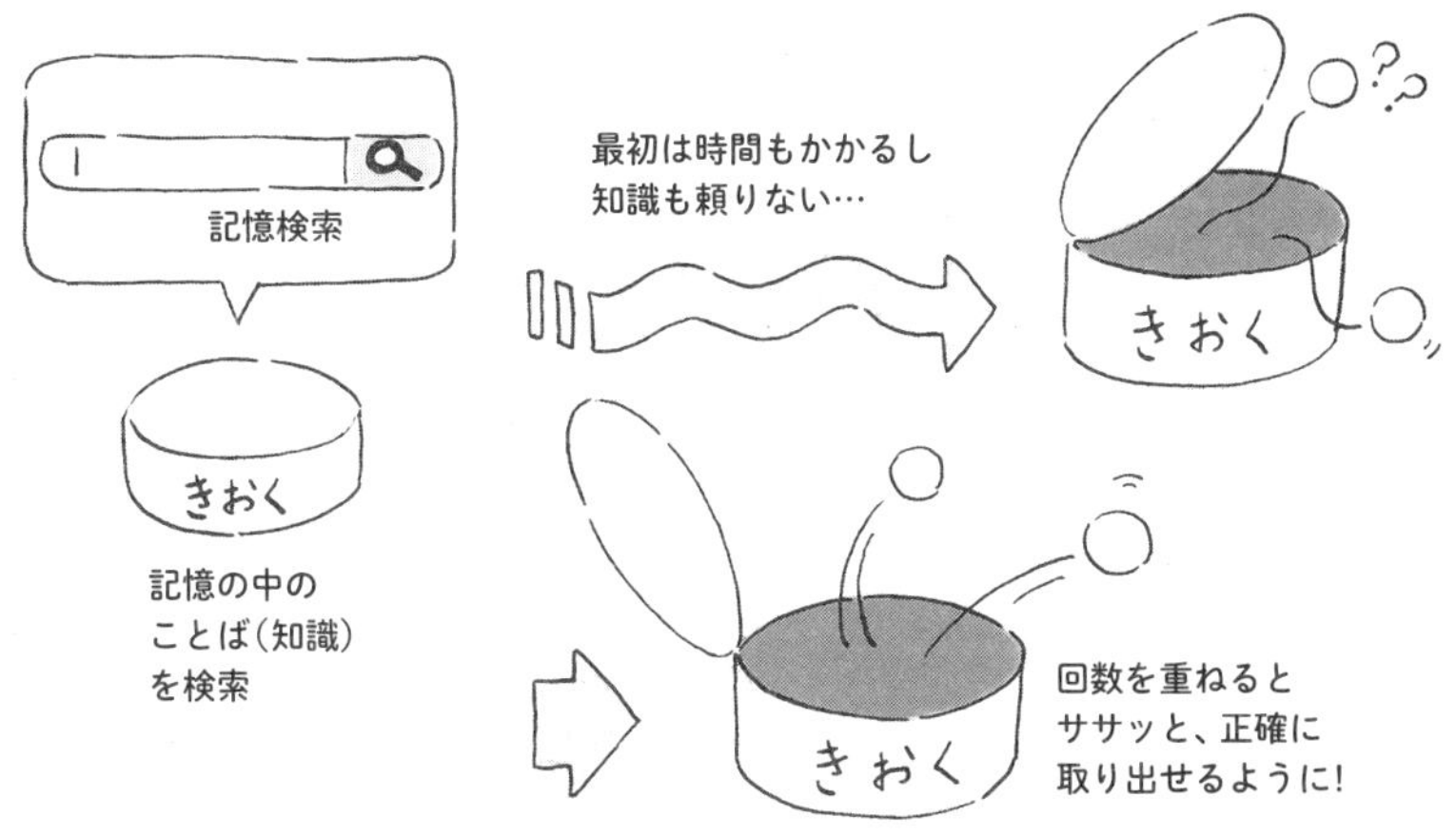

実行機能（思考をコントロールする力）

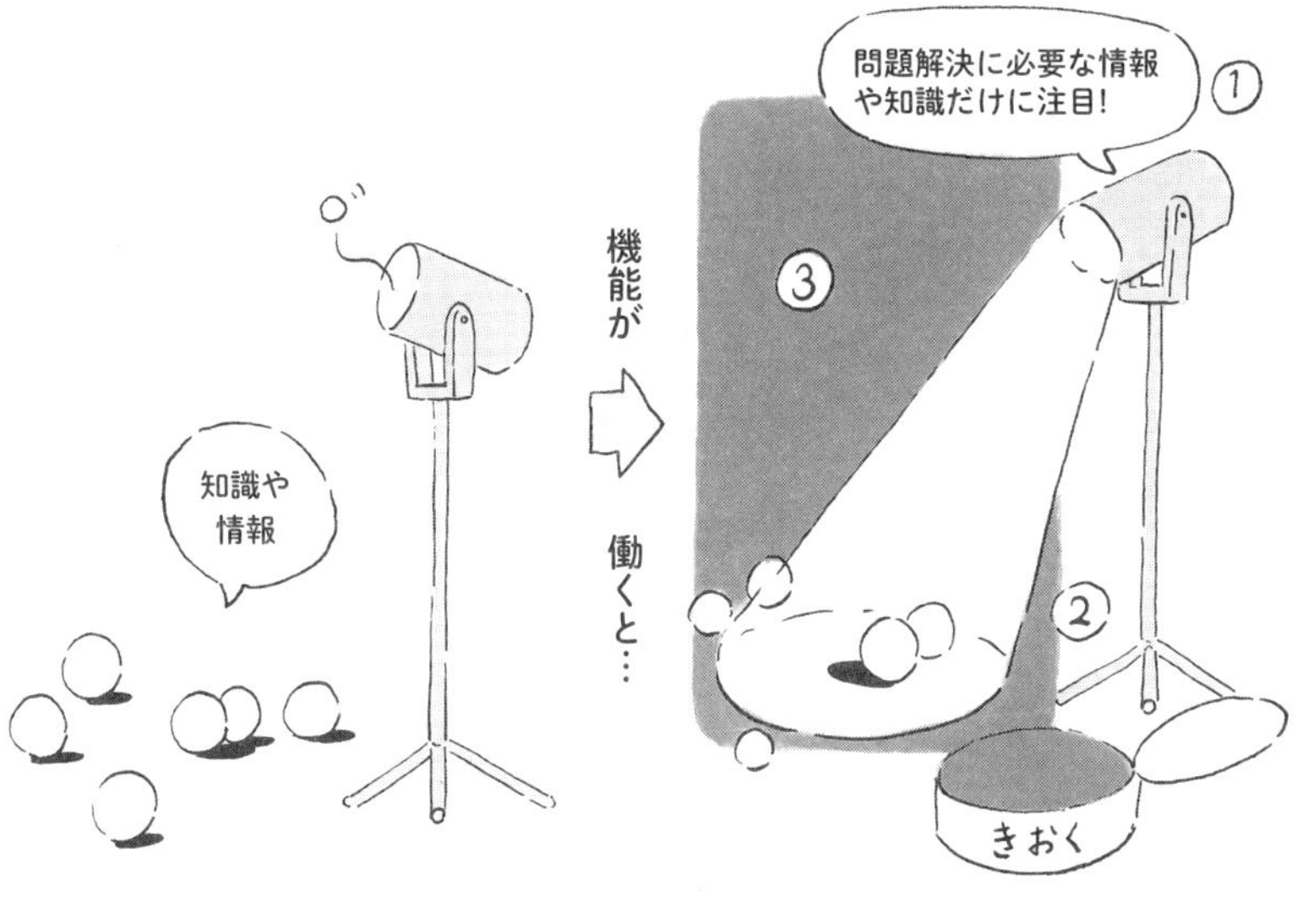

ノへの注意を抑えて、その間の関係に注目をすることが必要なのです。

新しいことばが、「様子を表すことば（形容詞）」なら、モノや人の様子や特徴に注意を切り替える必要があります。つまり、ことばの意味を考えるのに、さきほどの実行機能の要素の①、②、③が同時に必要になってきます。

子どもは動きや様子よりもモノに注意を引き付けられます。動きや様子を表すことばは、モノへの注目を抑制しなければならないため、動詞や形容詞を覚えるためには、「注意の切り替え」や「必要でない情報には注意を向けない」ことが特に大事になってくるのです。

ことばの力と「思考力」

ざっくり言うなら、「思考力」というのは「**知識を使って、推論し、問題を解決する力**」と言えます。問題の解決は知識がありさえすればできるわけではあ

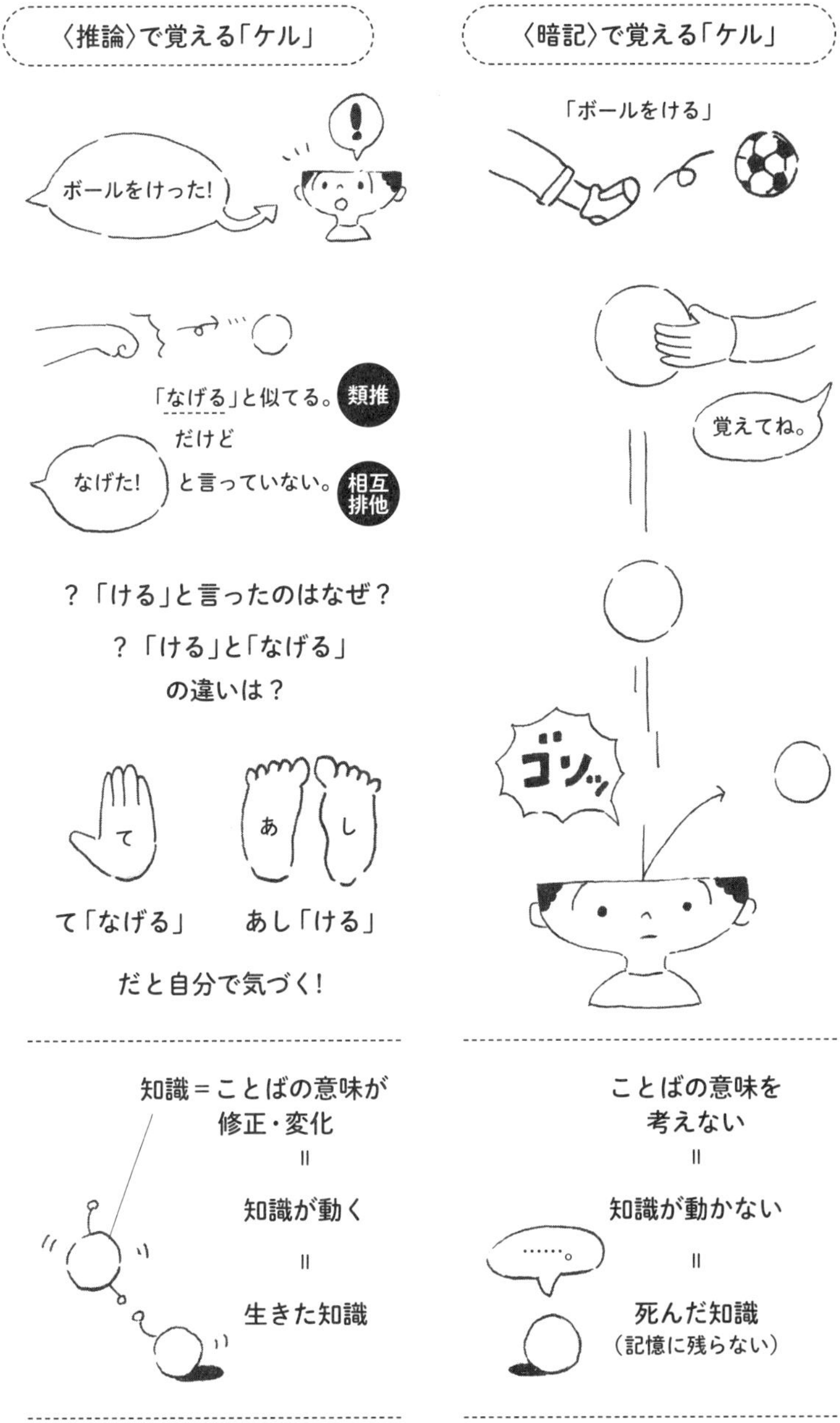
〈推論〉で覚える「ケル」
ボールをけった!
「なげる」と似てる。
類推
だけど
なげた!
と言っていない。
相互排他
?「ける」と言ったのはなぜ?
?「ける」と「なげる」の違いは?
て
あし
て「なげる」
あし「ける」
だと自分で気づく!
知識=ことばの意味が修正・変化
=
知識が動く
=
生きた知識
〈暗記〉で覚える「ケル」
「ボールをける」
覚えてね。
ゴツッ
ことばの意味を考えない
=
知識が動かない
=
……。
死んだ知識
(記憶に残らない)

りません。推論が必要です。推論をするためには、必要な知識や情報だけに注目し、不必要な情報へ注目しないように思考をコントロールする「実行機能」と、脳に記憶されている必要な知識に素早くアクセスする「情報処理能力」が欠かせません。知識がこの二つの力に支えられてはじめて推論が可能になり、問題が解決できます。

「思考力」がなければことばを覚えることはできませんが、もちろん「考える力」が大事なのは、ことばの学習に限ったことではありません。「考える力」はすべてのことの学びになくてはならない大事な大事な能力です。**「考える力」が育てば、学力はいっしょに伸びていきます。逆に、たくさん暗記をして、いろいろなことを断片的に覚えても、「思考力」がついていなければ、新しいことを自分で学習できるようにはなりません。**

小学校の3、4年生以降は学校での学習内容がとても抽象的なものになって

2

ことばの力と「思考力」

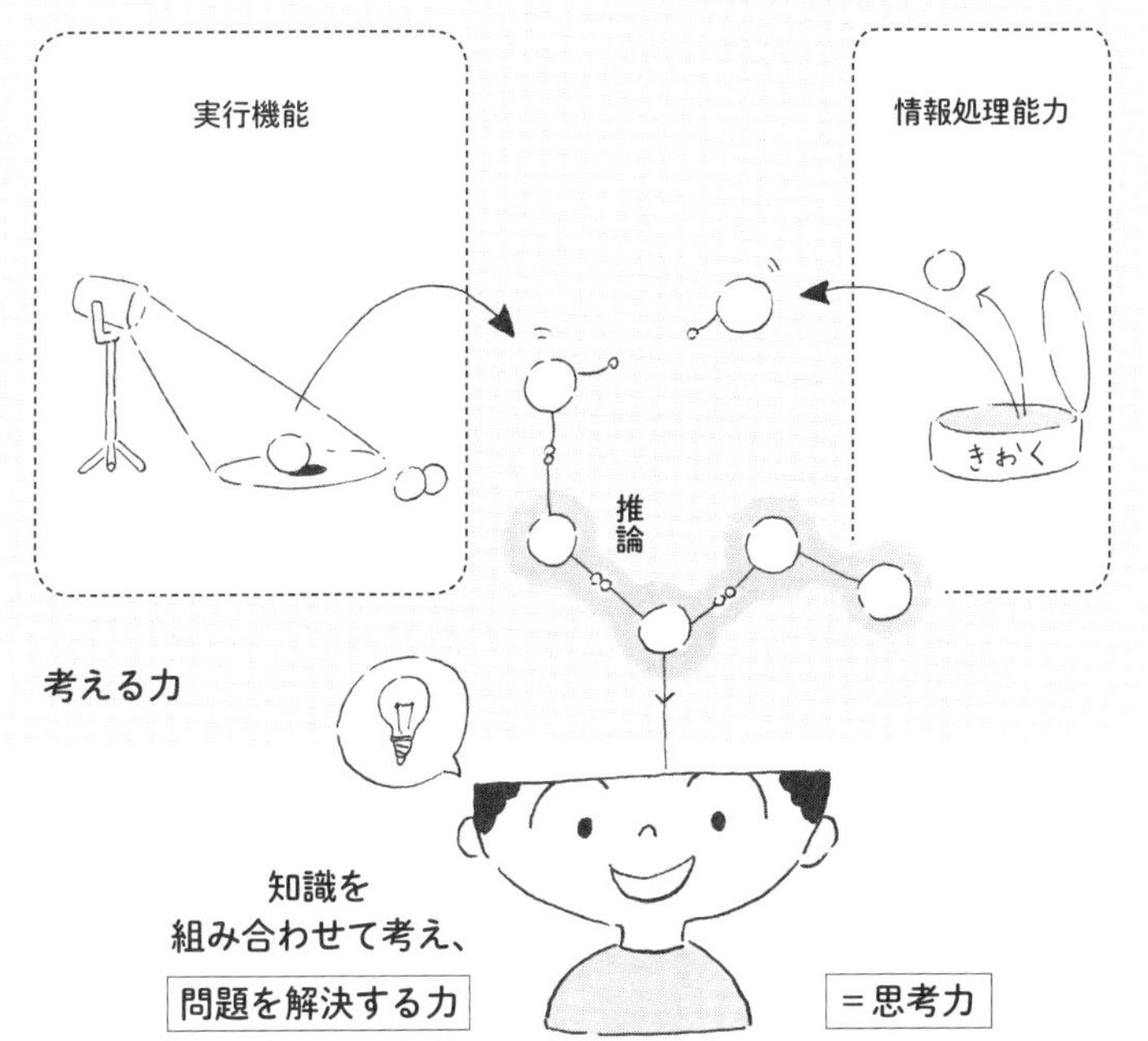

ことばの力で
「知っているとことば」が増え、
考える力も鍛えられる

思考力・学力 アップ！

いきます。すると、いくら暗記をして頑張っても「思考力」がついていないと学力が伸びなくなります。3、4年生以降で学校の学びについていけなくなる子どもが多いので、これを私たちは「**9歳の壁**」と言っています。9歳の壁が生まれてしまう仕組みについては次章で詳しくお話ししていきますので、ちょっとお待ちくださいね。

ことばを自分の力でたくさん覚えることとは、状況の中にあるさまざまな手がかりと、すでに持っていることばの知識を使って、新しいことばの意味を考える練習をすることを意味します。そして、この練習を繰り返すことによって、実行機能と情報処理能力は向上していきます。そうすると推論力にますます磨きがかかり、新しいことばが増えていって語彙がさらに大きく成長します。すると同時に「思考力」も成長するのです。

3

学校で必要になることば力と「9歳の壁」

学力とことばの力には深い関係があることは、すでにお話ししました。でも、学力を支えることばの力とはどういうものなのでしょう？

ことば力、特に学校に行くようになってからの児童期の子どものことば力について、二つの点で、多くの人が誤解していると感じます。一つは、日常生活で日本語を日本人の発音で自由に話していればその子どもの日本語のことば力は問題ないと思っている誤解。もう一つは、ことばを、あるいは漢字をたくさん知っていればことば力が高い、という誤解です。

本章では、この二つの誤解を解き、子どもが自分でどんどん学んでいくために必要なことばの力はどういうものかということを説明していきます。

日常生活の語彙では足りない

これまでずっとお話ししてきたように、ことばを学ぶことができるというこ

3 学校で必要になることば力と「9歳の壁」

とは驚異の能力です。子どもは、だれでも周りで話されていることばを——母語でも母語でなくても——覚えることができます。特に、赤ちゃんがもっとも得意なのは、言語の音の特徴をつかみ、その通りに発音することです。

だから赤ちゃんのときから、日本語を聞く環境に育てば、なまりがない、きれいな発音で日本語が話せます。ネイティヴの発音で、普通に日本語が話せれば、「うちの子の日本語はまったく問題ない」と思ってしまいますよね。でも、実はそれは間違いなのです。

小学校で、多くの子どもが急に学校の授業を難しく感じる時期があり、このときに勉強がきらいになってしまう子どもがたくさんいます。この時期は3年生から4年生にかけて起こることが多いので、「**9歳の壁**」と言われています。3年生から4年生の時期は、いろいろな教科で抽象度の高い内容が出てくるようになります。そうすると、生活の中で使われてきた日常のことばだけでは理解が追いつかなくなってしまうのです。

今、日本の学校で、外国にルーツを持つ子どもが増えています。中には日本で生まれ育って、お父さん、お母さんの話す言語があまり話せない子もいます。こういう子どもたちの発音は、日本人の家庭に育った子どもと変わりません。近所や学校の友達とは日本語で楽しそうに話していて、日本語が得意でないお父さん、お母さんの通訳をしたりすることもあります。だから、お父さんやお母さんは、この子どもの日本語はまったく問題ないと思っています。それなのに、日本の学校の勉強になかなかついていけない。こういう子どもが今、日本の学校で急増しています。

実は、この問題は、外国につながる子どもだけの問題ではありません。日本人の両親を持ち、日本語だけの環境で育てられた子どもの中にも、日常の会話はまったく問題ないのにことばの力が足りなくて、学校の授業についていけなくなる子どもがたくさんいます。小学校低学年のうちから、日常会話で必要なことばしか知らない子どもと、読書などから自然と日常会話ではあまり使われない抽象的なことばを覚えた子どもの間で、ことば力の差が大きくなります。特に3、4年生になるとその差が学力に大きく影響してくるのです。

抽象的な概念のことばを理解する

学校の授業についていけない子どもたちの問題は何でしょう？　問題は二つあります。まず、**語彙が足りないこと**。**特に、抽象的な意味を持つことばがよく理解できない**のです。学校では学年が上がるにつれて、どの教科でも抽象的なことばを使って学習内容を説明されることが多くなっていきます。1章では、子どもの分析力、応用力のすごさについてお話ししました。しかし、生まれもった能力だけでは、日常的なコミュニケーションはできるようになるものの、学校の学習で必要になる抽象的な概念を身につけるところまで行けません。

1章でお話ししたように、あることばの意味を理解するには、自分でその範

9歳の壁

一つ一つの単語の
意味の理解が
狭い範囲に
固定されていて、
状況に合わせて
修正できない

抽象的な
ことばの意味を
推論するときに
手がかりになる、
知っている単語の
数が少ない

囲を推測するしかありません。子どもは、日常生活での経験をベースに、その意味を考えます。でも、見た目ではなかなかわからない複雑な概念を指すことばは、そのやり方ではほんとうの意味を理解できません。

例えば「消費税」ということばを考えてみましょう。子どもは「しょうひぜい」ということばはよく耳にします。しかし、「消費税」は「税金」の一部であり、「消費税」＝「税金」ではないことは、お店で買い物をしたときに、商品についている金額にさらに余分なお金を足して支払うという経験からはわかりません。実際、小学生の多くは、「税金」を「余分なお金を支払うこと」のように理解しています。社会の授業で消費税について教えられても、そもそも「税金」という概念自体を理解していないと、「消費税」の概念は理解できません。

子どもは、もちろん「税金」ということばも「消費税」ということばもしょっちゅう聞いているので、これらのことばを「知っている？」と聞かれたら

「知っている」と答えるでしょう。お金をもらうのではなく、支払うことであることも知っているでしょう。しかし、この程度の理解のしかたでは、とても「税金」や「消費税」ということばの意味、つまりことばが指す概念を理解しているとは言えないですよね。

算数や理科でもことばの問題でつまずいてしまうことがよくあります。小学校2年生の算数の授業を見学したとき、子どもたちはこういう問題に取り組んでいました。

> 子どもが14人並んでいます。えいたさんの前には6人います。
> えいたさんのうしろには何人いますか?

2年生ももう終わろうとする時期でした。足し算、引き算はもちろんできます。この問題は、2年生の算数で子どもが手こずる「難問」として知られてい

3 学校で必要になることば力と「9歳の壁」

るそうです。実際、子どもたちはけんめいに問題と格闘していましたが、正解できない子どもが大半でした。

この問題を難しくしているのは「前」ということばです。1章でもお話ししたように、「前」を理解するためには、前を決める枠組みを自分で補う必要があります。子どもたちが同じ方向に一列に並んでいて、並んでいる方向が「前」であること、えいたさんの前には6人いて、えいたさんはその「うしろ」にいること、問題ではさらにそのうしろにいる子どもの人数を聞いていることがわからないとこの問題は解くことができません。多くの子どもは「前」ということばの理解で引っかかってしまい、このイメージがつくれずにウンウンうなっていました。

同じような問題でも、

> アメが14個あります。えいたさんの友達が6人いて、ひとりずつアメをとりました。えいたさんも1個とりました。残りはいくつでしょう。

という聞き方をしたら子どもたちはこんなに苦労せずに解けたでしょう。

抽象的な概念を理解するのは大人でも難しいものです。その概念を説明されるときに、理解できないことばがいくつも出てきたら、私たち大人でもお手上げになってしまいますよね。ことばの力が弱い子どもにとって、それは日々の切実な問題です。一つ一つのことばがあやふやで不完全な理解しかできていないのに、教科書には、どんどん新しい抽象的な概念を表すことばが出てきます。そしてあるとき、先生が話す日本語は表面的には理解できるけれど、授業の内容はまったく理解していない、という状況になってしまうのです。

例えば理科の教科書にある、身体が空気をどのように循環させるかについての説明の文章を考えてみましょう。

> 鼻や口から入った空気は、気管を通って左右の肺に入ります。肺には血管が通っていて、空気中の酸素の一部が血液にとり入れられます。血液からは、二酸化炭素が出されます。そして、二酸化炭素を多くふくんだ空気は、気管を通って、鼻や口からはき出されます。
>
> （東京書籍『新編 新しい理科6』二〇一五年度）

ここには、日常ではあまり使わない「気管」「血管」「酸素」「二酸化炭素」などのことばが一度に出てきます。また、「とり入れられる」「はき出される」など、あまり聞かない複合動詞が、しかも受け身の形で使われています。

学校での学びに必要なことばは、日常生活で使うことばと違います。日本語を普通に話しているから大丈夫なわけではないということを先生も親も理解して、**子どもが何につまずいているかを見つけてあげる**ことが大事です。

3 学校で必要になることば力と「9歳の壁」

状況に合わせてことばの意味を考える

学校の授業についていくのが難しい子どものことば力のもう一つの問題は、**ことばの意味を状況に合わせて考えることができない**ことです。ことばの意味はたった一つの状況だけ使う、点のようなものではありません。ほとんどのことばは、使われる状況によって、意味が少しずつ異なります。時にはまったく違う意味で使われる場合もあります。

例えば「切る」という動詞について考えてみましょう。「切る」ですぐに思いつくのは、包丁やナイフ、はさみなどで何かを切る場面です。でも、「水を切る」「スイッチを切る」のような使い方もします。比喩として、「気持ちが切れる」「関係をたち切る」などの使い方もします。

お茶の水女子大学の西川朋美さんたちの研究では、外国ルーツの子どもでなかなか学校の授業についていけない子どもは、このようないろいろな意味をもつことばの理解がとても苦手だということが報告されています。このような子どもは、ことばを一つの意味や場面に結びつけると、全然違う場面で同じことばが使われていた時に、別の意味を考えることができない。つまり**ことばに対して柔軟性がなく、点のようにやせ細った意味しかもてない**のです。

しかし、これは外国ルーツの子どもに限った問題ではなく、ことばの力が弱い子どもに共通した問題です。さらにいうと、私たちが外国語を学ぶときにとてもひんぱんに起こる問題でもあるのです。英語の文章を読んでいるときに、知っている単語の意味が、文章の文脈に合わないことがよくあります。そういうとき、ことば力が高い人なら、文章の文脈に合わせて単語の意味を考え直し、文章全体の意味を理解しようとするでしょう。そうすると、英語の文章の読み解きができるだけでなく、その単語の意味を太らせることができます。ことば力が低い人は、そこでわけがわからなくなって文章を読み解くことをあきらめ

と考えていた子どもが、

会話の中でこれらのことばをキャッチ

すると…

文脈に合わせて、

「切る」のことばの意味を考え始める

てしまうか、覚えている日本語の意味をむりやり使って、まったく理解できない日本語に訳してしまうか、どちらかです。

ことばのセンスが育っているかがカギ

ここで、学校の学習、自立した学習ができるためには、どのようなことばの力が必要なのか短くまとめてみましょう。

・ことばがそのことばと関連することば（似た意味のことばや文の中でいっしょに使われることば）と関連づけられている。

・ことばの意味に広がりがあり、一つの単語について、さまざまな使い方を知っている。さらに、文脈にあわせて柔軟に意味を考え、単語の意味自体をアップデートしていくことができる。

ことばのセンス

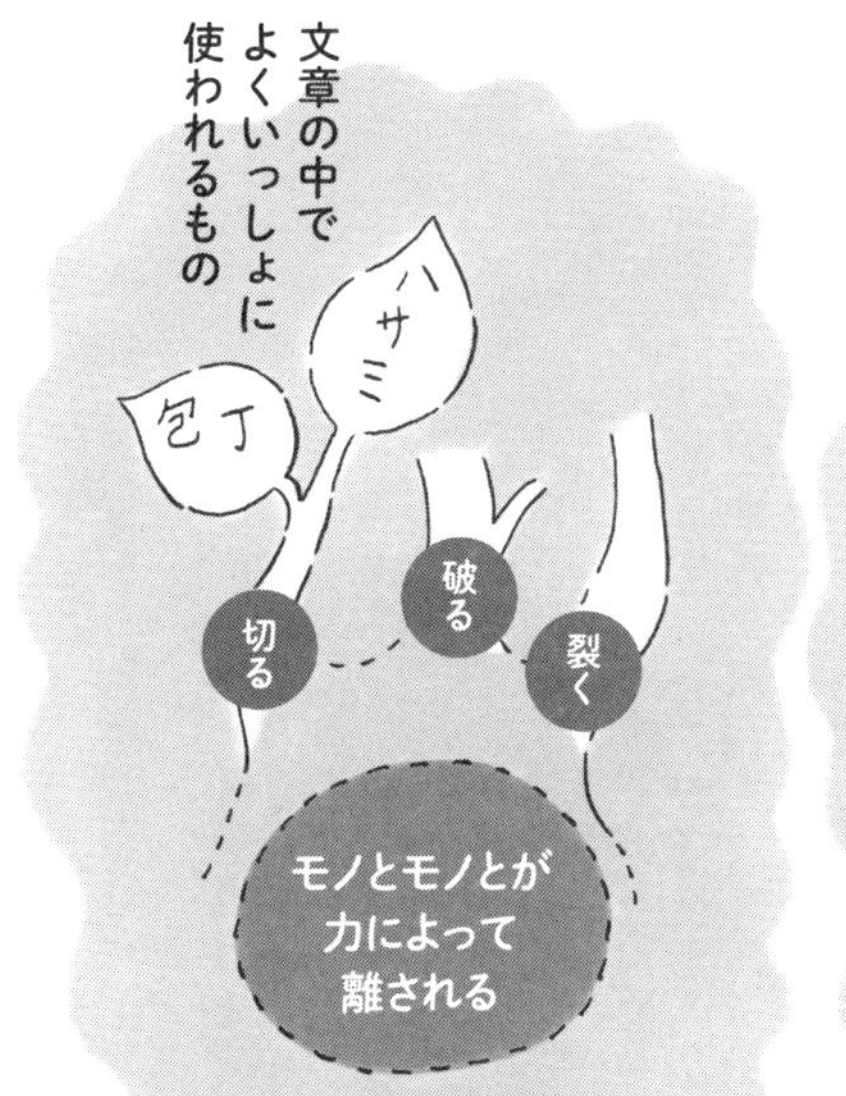

似ている意味を持つ単語の間の
共通性をみつけ、ネットワーク化する

ことばのネットワークを
つくる力

一つ一つの単語の意味を
太らせられる力

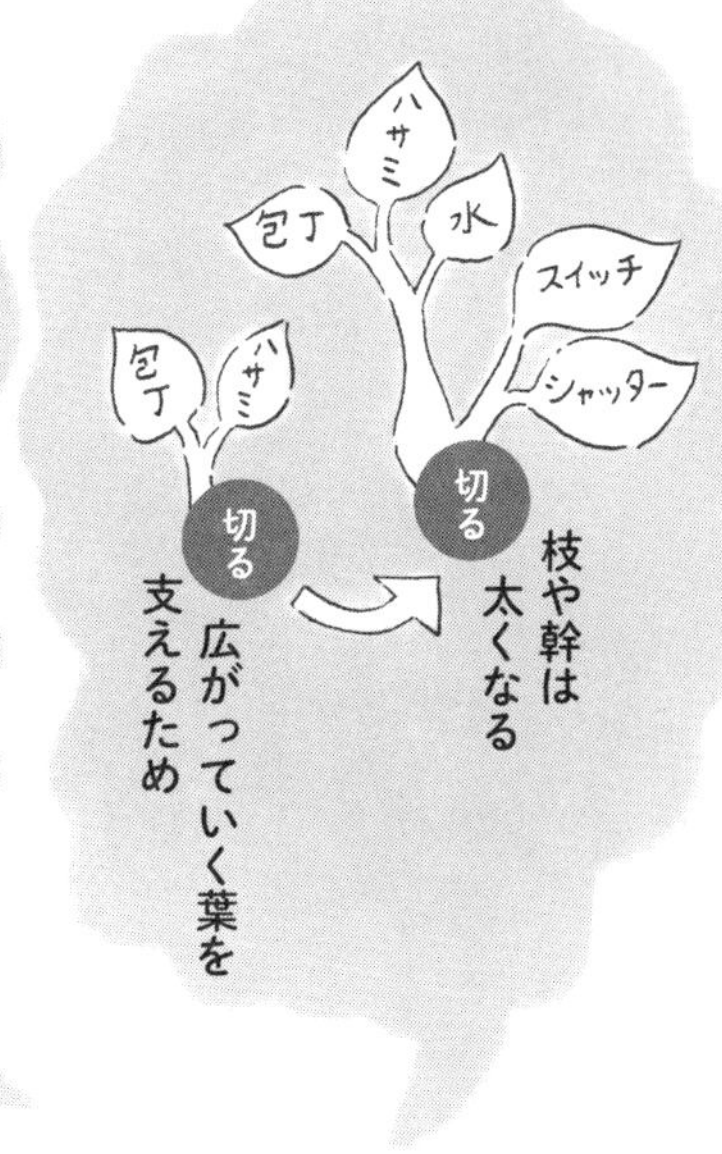

推論を使って…

抽象的なことばの意味を
理解し、その知識を使って
さらに別の抽象的な
ことばを覚えていく力

・抽象的なことばの意味を、しっかり本質まで理解することができる。その知識を使ってさらに新しい抽象的な概念と、それを表すことばをどんどん増やしていくことができる。

こういう力をトータルで、私は「**ことばのセンス**」と呼んでいます。この「ことばのセンス」が、知っていることばの数を増やすだけではなく、新しいことばをさまざまな場面で学習し、どんどん語彙を豊かにして、読んだこと、学んだことを「生きた知識」にしていくために必要なのです。

「ことばのセンス」は、外国語の学びを「生きた知識」にするためにも、とても大事なものです。これがないと、英語の勉強にたくさんの時間を使っても、英語は「死んだ知識」で終わってしまうかもしれません。

4

幼児期にことば力をつける方法

本章では、3章で述べた、学校で必要なことば力が十分に育たないわけをもう少し詳しく考えていきます。そして、学校でしっかり学び、さらに自分で自立して学ぶ力を支えることばの力を育てるために、乳幼児期から児童期にかけて、家庭で何をしたらよいのかをお話ししていきます。

ことば力が十分に育たないわけ

学力は親の経済力と関係する、という話をこのごろよく聞きます。そのような統計の結果も公表されています。学力が経済力と関係するのなら、学力を支えることばの力も親の経済力で決まるのでしょうか？

スタンフォード大学の研究では、アメリカで、経済的に豊かな家庭の子どもと貧困家庭の子どもでは、2歳の時点で、ことば力に平均して半年分の差ができている、というショッキングな結果を報告しています。しかし、よく調べてみると、実は、これは単純に家庭の所得が高い、低いという問題ではないことがわかりました。所得の高い家庭の親は、低い家庭の親に比べて、次のような特徴があるのです。

- 子どもへの話しかけや子どもの発話に対する返答が多い。
- 子どもへ話しかけるときに、適度に複雑な文を言う。
- いろいろな種類の単語を使う。同じことを言うのにも、違うことばや違う言い方をする。

ここから考えられることは、**親の経済状態が子どものことばの力を決める決定的な要因ではないということ、むしろ、親から子どもへ話しかけることばの量と質が、子どもの語彙の学習に大きく影響していた**、ということです。所得の低い家庭の間でも、発話量が多い家庭では子どもは豊かな語彙力を持つことができることもわかりました。

この発見を受けて、スタンフォード大学のチームは、スペイン語話者の低所得家庭の母親を対象に、子どもとのかかわり方やことばを覚えることで脳がどう発達するかなどについて学ぶプログラムを行いました。すると、プログラムを受けてから半年後、子どもが2歳になったときには、母親の子どもへの話しかけがずっと増えていました。そして、そのときの子どもの語彙の量とことばの取り出し能力（2章でお話しした情報処理能力）を測ったところ、どちらも大きく成長していたことがわかったのです。

つまり、ことば力の差は、**家庭の経済力ではなく、どれだけたくさんの語りかけをまわりの大人からしてもらえるかで決まる**ということです。逆に言えば、**経済的に豊かでも、子どもへの語りかけのしかたがよくなければ、子どものことば力は貧弱になってしまう**ということなのです。

思い出してください。思考力はことばの力と連動します。ことばの力が貧弱だと、思考力も伸びません。すると、学校のいろいろな教科で次々と出てくる新しいことば（概念）の理解も進まず、学びに必要な語彙が増えていきません。当然学校に入ってからの学力も伸び悩んでしまいます。

幼児期のことば力が学力を決める

日常会話で必要なことば力と学校で必要なことば力の間にギャップがあるとお話ししました。そうすると、あせって、じゃあ、学校に上がる前から学校で使う抽象的なことばを教えておかなきゃ、と思うかもしれません。**しかし、それはかえって逆効果です。**

子どもが学校で学ぶことができるための準備で大事なのは、抽象的な意味のことばを「死んだ知識」としてたくさん持っていることではありません。大事なのは、日常生活に結びついた、子どもが具体的にイメージできて、子どもが持つ知識と結びつけることばをたくさん持つことです。**幼児期で何よりも大事なのは、日常生活や遊びの中で、自分の身体を使って五感全体で身の回りの世界を探索し、その中でことばに関する興味や感性を育むこと、数、空間の中のモノ同士の関係性、できごとの因果関係に自然に注意を向けるようになること**なのです。

毎日の生活体験の中で、モノとモノとの間の関係や、人同士の関係に興味をもち、目を向ける習慣が、学校で学ばなくてはならない抽象的な学習内容を自分の生活の中での具体的な経験に結びつけて理解していく能力の基礎となります。**抽象的な概念に対して、その概念の具体的な例を自分で思いつくことができる。これが抽象的な内容を理解するためにとても大事なこと**なのです。

すでに何度もお伝えしてきたように（しつこくてごめんなさい）、ことばの意味は外から教えることはできません。それは抽象的な概念を指すことばでも同じです。学校では、「速度」「密度」「割合」のような抽象的な概念を指すことばがどんどん出てきます。もちろん、学校ではその概念の意味を説明してくれます。しかし、ことば力が弱い子どもは、説明に使われることばの意味もあやふやで間違って理解していることがあります。使われている単語があやふやで、しかも単語の意味を文脈に応じて柔軟に考えることが難しい場合、どんなに先生が丁寧に教えても説明を理解するのが難しくなってしまいます。

小学校1年から3年生では、時計の読み方や、カレンダーの読み方などを学び、さらに「時間」というとても抽象的な概念について学んでいきます。このとき、ことば力があまり高くない子どもだと「前」「あと」「先」などのことばを十分に理解していないことがあります。これらのことばを、子どもたちは最初は空間の関係を表すことばとして覚えます。学校に入る6、7歳ではほとんどの子どもは理解をしますが、中には理解があやふやな子どももいます。すると、スケジュールを考えたり、時間の概念を考えるときにとても混乱し、先生

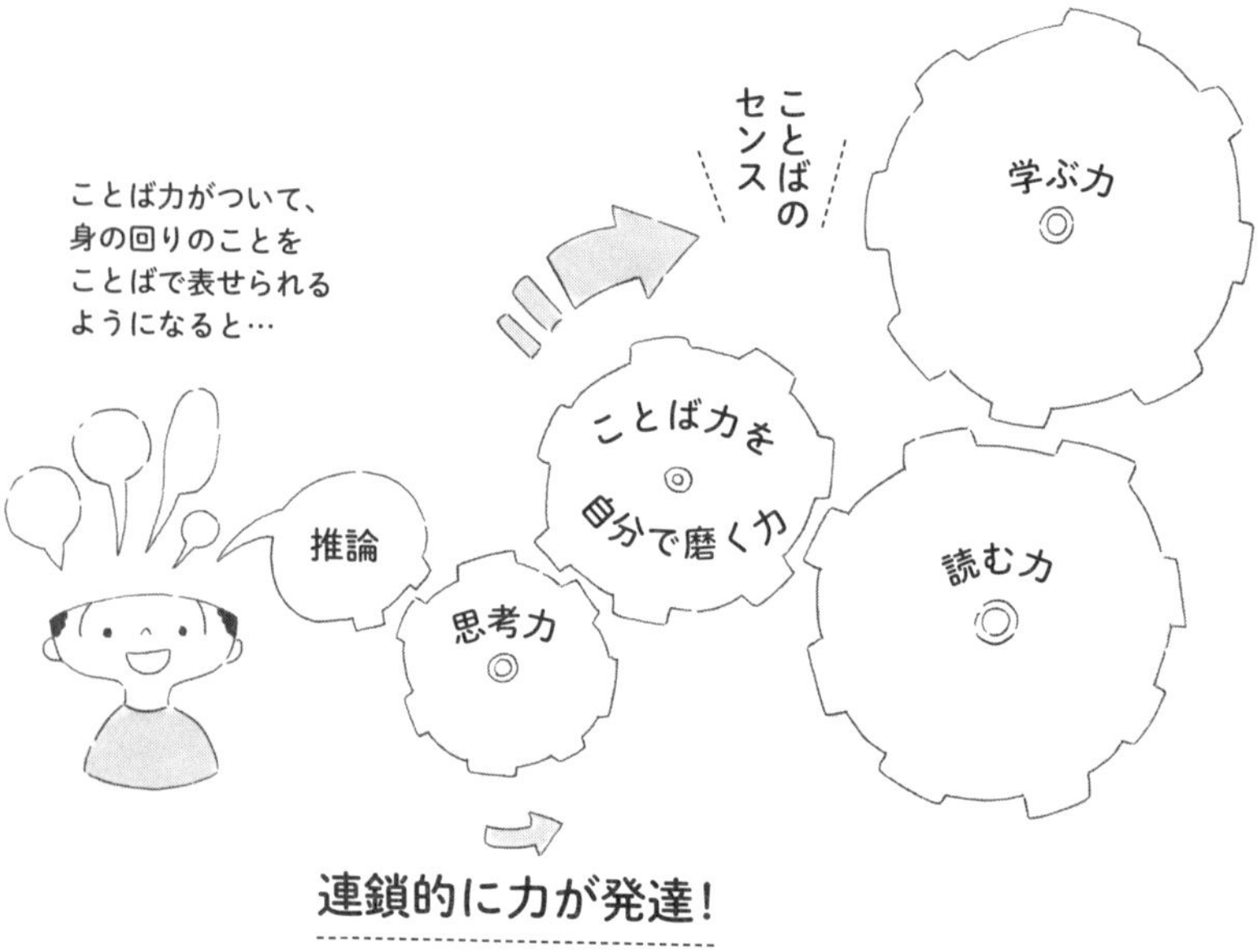

の説明も理解できなくなってしまうのです。

幼児期にしっかり育てなければならないのは、自分の身の回りの生活体験をことばで表すために必要な「**生きたことば力**」です。この力が育てば、記憶から必要な情報を取り出す力（情報処理能力）と思考をコントロールする力（実行機能）もいっしょに育ちます。知識を使って推論をする能力も育ちます。つまり「思考力」が育つのです。

「思考力」が育つと、読書や学校の授業などで知らないことばに出会ったとき

にその意味を推測する力、言い換えれば「ことば力を自分で育て、磨く力」も育ちます。その力はさらに、読む力、学ぶ力につながっていきます。これが、前の章の最後でお話しした「**ことばのセンス**」なのです。

幼稚園・保育園卒園でサポートをやめないで

学校での学びに十分なことば力をつけるためにもう一つ大事なことがあります。子どもが赤ちゃんの時には、「うちの子はことばが話せるようになるかしら」と心配し、子どもに一生懸命話しかけても、5、6歳になってどんどんおしゃべりをするようになると「もうだいじょうぶ」と思って子どもへの話しかけに注意を払わなくなってしまうことがよく見られます。しかし、それは大きな間違いです。ことばの学習はずっと続けなければ語彙の発達は止まってしまいます。幼児のときには上手に普通に話していて、ことばの問題はない、と思っていても、幼児期に必要な語彙のレベルで成長が止まってしまうと、学校に入ってから学校での学びについていけなくなってしまうのです。

学校に通う年齢になっても、ことば力を成長させるために親の役割はとても重要です。語彙を成長させるには、子どもの年齢に応じたことばのインプットを与えることが欠かせません。読書は語彙を増やすためにとても大事ですし、大人との会話からも子どもはたくさんの新しいことばを学びます。

「年齢相応のことば」というのは、文部科学省の学習指導要領で指定されている「小学5年生までに学習することば」を5年生に使って会話してください、ということではありません。テレビや新聞で話題になっている文化、スポーツ、政治などの話題を子どもと話し、そのときに、大人に向かって話すようなことばを、子どもの理解にあわせてちょっと使ってみる。そういうことです。

先取りをしてみるのはよいことです。その時に子どもがわからないと言ったら、その単語の意味や使われ方をいっしょに調べてみる。そして、そこから、

4
幼児期にことば力をつける方法

会話を広げていく。語彙には限りがありません。最近は、大人でも語彙の豊かさが仕事に役立つと言われ、語彙力を増やすための本がヒットしているようです。子どもといっしょに親も語彙力を豊かにし、ことば力を磨いていきましょう。子どもは賢くなり、自分の仕事にも役立つ。一石二鳥です。

さて、次からは、幼児期に、ことばのセンスを育てるための具体的な方法を述べていきましょう。

方法1 とにかくたくさん対話しよう

前の章で、ことばの意味が点のように貧弱で、それを自分で太らせることができない子どものお話をしましたね。ことばの意味には広がりがあり、一つの単語でも複数の意味を持っている。でも一つの意味を覚えてしまうと、それにこだわって、状況によって柔軟に意味を考えることができず、意味が広がらない傾向を持つ子どもです。これは特別な子どもにしか見られないことではなく、ことば力が豊かでないと、ありがちのことなのです。

そういう子どもはどのような語りかけをされているでしょうか？

子ども　「おかあさん、どうして、「水を切る」っていうの？」

お母さん　「知らない、そういうからでしょ」とか、

「今忙しいから自分で調べて」など……

子ども　「お父さん、「ほうりつ」ってなに？」

お父さん　「きまりだよ」（ここで終わり、会話がこれ以上続かない）

ではどのような語りかけをすれば、考える力につながることばの力を育てることができるのでしょうか？　例えば、子どもに調理を手伝ってもらいながら、野菜を洗って水切りをしているとき、「あれ、包丁でキャベツを切るのも「切る」だけど、なんで水も「切る」のかな」など。串カツをつくるとき、「肉を串に「さす」けど、目薬も「さす」よね。不思議だね。どうしてかな」。子どもはなぞなぞみたいで、答えが知りたい、と思い、喜んで調べるはずです。そして、それはことばについての興味にもつながっていきます。

子どもが小さいときに親ができる最も大切なことは、子どもとたくさんお話をすることです。語りかけが大人からの一方的なものであっては、あまり意味がありません。大人が使うようなことばを使ったり、早口で一方的に伝えたりしても、子どもには理解することができません。そのときの子どもの発達に適したことばで話しかけることが、子どもがことばに興味を持つ大きなポイントとなります。日常の会話でさりげなくことばの不思議さ、自分が持つ素朴な疑問などを口に出し、子どもといっしょに考えると、子どももことばについての興味が、ぐっとふくらむでしょう。

「えーっ、難しそう。どんなふうに話したらよいのか私にはわからない」と思ってしまう方もいるかもしれません。でも、やってみると実は非常にシンプルなことなのです。子どもの表情に注目して、子どもの気持ちや理解のしかたを考えてみましょう。子どもと十分に対話をしていれば、自然に子どものことばの発達段階に合わせた話しかけができるものです。身構えずに、子どもが何を語りたいのかに注意を向けて、会話を楽しむようにしてください。

4
幼児期にことば力をつける方法

方法2　ことばどうしを比べよう

先ほどの例で言えば、「ほうりつ」って何？　と子どもが聞いたとき、「きまりだよ」だけだと、子どもは「ほうりつ」は「きまり」のただの言い換えだと誤解してしまうかもしれません。「ほうりつ」と「きまり」がどう違うのか、**お父さんが解説するのではなく、子どもといっしょに考えてみるととてもよい**ですね。

子どもが意味を知らないことばがあったとき、子どもが知っていることばを出してあげて、そのことばと「似ている」というだけではなく、二つのことばがどう違うかを考えるように促してあげる。このように「比べる」ことは、実は知識を深めるためにとても大事なことです。対比をしないと、似ているからなんとなくおおざっぱに「同じ」と思ってしまいますが、似ている部分と違う部分を両方意識して比べることで、二つの概念の理解がぐっと深まります。

これは、２章で出てきた「アナロジーの推論」と同じことです。アナロジーはことば、特に動詞の意味を考える上でとても大事ですが、アナロジーが活躍するのはことばを覚える場面に限りません。実際、科学者も、何か大事なことを発見するのにこの推論を使っています。未知のことの仕組みを考えるのに、関係が同じですでに分かっていることの知識を借りてくるのです。

ケプラーの惑星軌道が楕《だ》円《えん》形であることの発見や、ニュートンの万有引力の概念の発見も、実はアナロジーで生まれました。**似ていることばどうしを比較して対比させることは、アナロジーの推論をする練習にもなり、思考の訓練としてもとても有効なのです。**

方法3

好きなことにとことん付き合おう

子どもの興味が一つの分野にしか向かないことが気になることもあると思います。「電車にしか興味がない」とか「ずっと魚の図鑑ばかり見ている」とか。しかし親はとことんそこに付き合えばよいのです。「今日乗る電車は何両？」「○○線は何色だっけ」「ホームはこの上だね」など、いくらでも会話につなげていくことができます。電車に乗っていたときにとても印象に残った親子がいました。3、4歳の男の子でしたが、電車が大好きな様子でした。窓から見える他の電車の車両の種類を全部言い当てていたのにはびっくりしました。そのとき、お母さんは男の子の話に（スマホを見たりせずに）きちんと耳を傾け、熱心に対話をしていました。男の子は年齢のわりにことばの力が非常に高いことと、単に電車関係の単語をたくさん知っているのではなく、高いことばのセンスを持っていることが隣で聴いていていてわかりました。

4
幼児期にことば力をつける方法

方法4　買い物のときはチャンス

買い物のときなどはよいチャンスです。アメリカのテンプル大学教授のキャシー・ハーシュ＝パセックさんは、「遊びから学ぶ」という教育理論に基づいて、遊びを通じて学ぶワークショップを各地で実践して世界の注目を浴びている、有名な研究者です。日本で私といっしょにワークショップをしたこともあります。そのキャシーさんが、フィラデルフィアのスーパーマーケットと協力して、売り場に親子の会話のきっかけとなるようなサインを設置するプロジェクトを始めました。

左のリンゴのキャラクターは店内のあちこちに登場し、例えば牛乳の前には「牛はどうやって鳴く？」、野菜売り場の前には「どうやって育つか知っている？」などのクイズがイラストとともに添えられています。このサインをきっかけに、このスーパーに来る親子の会話がずいぶん増えたことがわかりました。

知ってる？
食料品店は、ただ食べ物を買うだけの
場所じゃない。いろいろ学ぶことがで
きるよ！　フルーツや野菜を、数えた
り、重さや長さを測ったりして、算数
ゲームができる。いろんなところに、
ことばのゲームもあるよ。
おしゃべりすることは、子どもたちが人生を歩む上でとても役立っています。

牛はどうやって
鳴くの？

日本のスーパーでもこういうサインが売り場にあるとよいですね。でもサインがなかったら自分で同じようにお子さんに話せばよいのです。スーパーにある食品や日用品からいろいろな話題が生まれます。

１章で、知らない漢字を自分の知識を使って推測した子どものエピソードを紹介しました。実はこの話には続きがありました。お子さんが「みず菜」の「菜」を「な」と読むことができたので、さらに実験してみたい気持ちがわき、青梗菜を探したそうです。これもパックには「ちんげん菜」と、菜だけが漢字になって書かれていました。お子さんに、「これはどう読む？」と聞いてみたら、ちょっと困ったような様子を見せたあと、「ちんげんな」と読んだそうです。お母さんはすかさず、「菜という漢字は「な」とも「さい」とも読むよ。漢字はひらがなやカタカナと違って、いろんな読み方があるんだよ」と教えたそうです。

　これはほんの一例です。生活のいたるところに子どものことばの力を伸ばす材料はあります。看板や、広告などについて、ちょっとしたコメントをすることを続けてみてください。看板の中のことばについてでも、文字についてでもよいのです。そこから会話をしてみてください。すると子どもは自分から目にする言葉や文字に目を向けるようになり、読めない文字や知らないことばについて知りたがるようになります。そうなったらしめたものです。

　漢字の読み方ワークブックなどをや

りながら、漢字の読み方を説明しても、ほとんどの子どもは理解せず、スルーしてしまうと思います。しかし、買い物のときに自分で漢字の読み方を考えて、「読めた！」という喜びがあると、もっと漢字を読みたい、と自然に思います。そのときに、自分で考えた読み方とは違う読み方があるんだよ、とお母さんに言われて、「そうなんだ」と子どもがびっくりしたら、その漢字は確実に子どもの記憶に深く刻まれます。漢字ドリルでたくさん漢字を覚えようとしても、なかなか定着させることができない子どもでも、こういう経験があれば、しっかり覚えることができるはずです。

もちろん、幼児期から漢字を無理に教える必要はありません。でも、この親子のように漢字の読みを会話のきっかけにしてお話をすれば、そこから多くのことばを学ぶでしょうし、漢字の読み方に興味を持ち、漢字に注意を向けるようになるでしょう。このように、子どもが自分から進んで、楽しみながら生活の中から字を覚えていくようになれば、本が好きになり、学校に入ってからもどんどん新しい文字を自分で覚えていくことができるでしょう。

漢字に限らず、学校に入ってしっかり学力をつけるための土台作りをするために幼児期はとても大事です。**ただし、幼児期にするべきことは、「小学校で教わる知識の先取り」ではありません。日常生活や遊びの中で、文字、ことば、数、形、空間や時間のことばの表現などに関心を持ち、注意を向ける習慣づけが大事なのです。**

なぜ「お勉強」ではだめなのでしょう。子どもが「おべんきょう」と思ってしまうと、それはお勉強の時だけ必要なこと、と思ってしまうからです。幼児期はすべての生活体験が大事な学習となります。「勉強」と「遊び」や「生活」を区切ってしまってはいけません。大人が「これは遊び」と思っても、子どもが、日常の生活と違うこと、特に「お勉強」と感じたら、ダメなのです。

方法5 遊びの中で、空間ことばをたくさん使おう

外での遊びやブロック遊びなど、遊びの場面は「上」「下」「横」や「前」「後」「右」「左」といった空間のことばを使うチャンスがたくさんあります。前にもお話ししたように、空間のことばや位置関係を示すことばはほとんどが相対的な思考を必要とします。相対的なものごとの見方は、抽象的な思考の大切な基盤となります。**遊びながら関係を表すことばを使うことで、相対的にものごとをとらえる訓練ができ、それが抽象的な思考力を身につける準備になります。**

幼児期に、抽象的な言葉を無理に覚える必要はありません。ただ、難しいから小さい子どもには無理、とまったく使わないのもよくありません。例えば「右」や「左」は子どもには理解が難しいですが、これらのことばを使わずに、道順を説明したり、モノの場所を話したりすることが難しいほど、ひんぱんに使われることばです。こういうことばは、使うのが自然な状況ではどんどん使

ってください。

ただし、子どもには難しいこと（大人でも枠の取り方を間違うことがあること）を頭において「○○ちゃんの右手側」とか、「ママの右手の方」とか、「車が進んでいる方向で右側」とか、子ども中心の枠なのか、それ以外の人やモノを中心にした枠なのかをはっきり示して曖昧《あいまい》性を減らしてあげるとよいでしょう。指差しやジェスチャーを使うのも有効です。それでもわからなかったら、子どもが理解できるようになるまで、ことばを使い続けながら、**待ちましょう**。

抽象的なことばの意味はすぐに覚えられるものではないことを理解して、大人同士なら省略してしまう枠をはっきり示す、ジェスチャーで補う、などのヒントをあげながら、いろいろな場面で使い続けてみてください。時間が経てばそのうちわかるようになります。**ヒントをあげて、待つ**。これが手助けの極意です。

方法6

お出かけや遊びのプランを立てながら、時間のことばを使おう

お出かけをするプランを子どもといっしょに立てると、時間のことばをたくさん使います。「まずここに行って、そのあとであそこに行こう。その前にお弁当をここで食べよう」「○○公園に行くのは、一週間先だね」など。

時間のことばも子どもが苦手なことばの一つです。空間での「前」や「後ろ」も十分難しいのに、それが目に見えない時間での関係にも拡張されています。このとき、「コンクールはもう目の前に迫っている」のように未来を向いて「前」を使うときもあれば、「コンクールの応募締め切りはもう三日も前に終わってしまった」のように、過去のことを「前」と表すこともあります。これは、時間の流れの中で、自分が未来に向かって歩いていく枠組みと、時間が未来から過去のほうに流れてくる枠組みという、二つの逆向きの枠組みがある

時間のことばの2つのモデル

〈時間が未来から過去の方に流れてくる〉

コンクールの応募締め切りはもう3日も前に終わってしまった

〈自分が未来に向かって歩いていく〉

コンクールはもう目の前に迫っている

からです。小学校に入ってからも、「前」や「あと」「先」の使い方が混乱している子どもが多くいますが、学校での生活や授業の理解にこのことばの理解は欠かすことができません。

これについても、日常の楽しいことの計画などを話すようにしてたくさん使い、そのときになるべく曖昧さがないように手がかりになることばといっしょに使うとよいと思います。カレンダーを目の前において、「おでかけは今から一週間後だから、この日だね」などと話をしながらカレンダーに○をつけていくなどするとわかりやすいかもしれません。

空間や時間のことばは、難しいですが、抽象的な関係をイメージ化して考えるよい練習になります。これらのことばを覚えることもとても大事ですが、明示されていない枠組みを文脈から自分で考えることや、一つの枠組みから別の枠組みにシフトすることで、思考をコントロールしたり、柔軟に切り替えたりする力、つまり前にお話しした「実行機能」を高める訓練にもなるのです。

4

幼児期にことば力をつける方法

方法7 生活や遊びの中で「算数トーク」をしよう

単純な計算はできても算数の文章題が苦手な子どもが大勢います。文章題ができないのはなぜなのでしょう？　二つの原因が考えられます。一つは、文章の中によくわからないことばがいくつもあって、問題の文章が何を聞いているのかがよくわからないということ。もう一つは、文章の意味は取れても、文章で書かれている状況が生活と結びついてイメージできないことです。小さいころから単純な計算ばかりしていると、算数は機械的に数を足したり引いたり掛けたり割ったりする「操作」になってしまい、「意味」を考えなくなってしまう恐れがあります。

子どもが算数を楽しみ、好きになるための準備は、数のことばを早くから覚えたり、足し算や引き算を小さいころから覚えたりすることではありません。数に興味を持ち、数や量の差に自然に注意を向けることができるようになることが、小学校での算数の学力に大きな影響を与えることがフィンランドのトゥルク大学の研究からわかっています。

だからといって、量の感覚もつかめていないうちから「早く１００まで数えられるようにしなくちゃ」などと焦るとかえって逆効果。**数を数えられるようにする前に、まずは、感覚的に数や量を把握できるようになることが大事です。**例えば、コップの中のお茶の量や、分けられたお菓子の量など、そこにあるものをパッとみてどちらが多くてどちらが少ないか感覚的に把握できる。そういうセンスを子どもに持ってもらいたいと思います。

生活の中で、先生に言われなくても自然に量や数に注意を向け、どちらが多くてどちらが少ないかを感覚的に考えようとする子どもは、小学校に入ってからも算数が得意な傾向があるのです。

日常の会話や遊びの中で数や量のことを話題にする機会をなるべく作るようにすると、子どもは数に自然に注意を向けるようになり、数の概念を実感できるようになります。これは、「算数トーク」と呼ばれています。保育の場で算数トークをすると、小学校に上がってからの算数の理解が促進されることも研究データから示されています。日常生活の中で「クッキーを2枚食べよう」「車が3台停まっているね」などと、数のことばを入れて子どもに話しかけるようにするのです。

幼稚園や保育園に行く途中に横断歩道がいくつあるか、イヌを何匹見かけるか、歩道橋の階段が何段あるかなど、ゲームのようにして数を数えていくのもよいと思います。そのように数のことばで遊ぶ中から、そのうち、「お兄ちゃんのクッキーとAちゃんのクッキー、どっちが多いかな?」「何個多いかな?」など、数や量を比較することもとてもよいことです。

また、「お兄ちゃんのクッキーとAちゃんのクッキー、どっちが多いかな?」と声をかけるとき、「お兄ちゃんの方が1枚多いよ」と答えたら、「Aちゃんの方が1枚少ないね」などと、逆の立場から言い換えてみるのもよいですね。同

じことを別の方向から見ることが習慣になると、数を柔軟に考える力が育ちます。例えば足し算もできるけれども、逆にすれば引き算にもなるということに、自然に気づくようになると、算数の文章題でどんな聞き方をされても、それに応じたイメージをつくれるようになるのです。そしてもちろん、大切な「実行機能」を鍛えることにもなります。

ただし、気を付けてください。**算数トークはあくまでも自然な会話の中で、さりげなくすることが大事なのです。**

いかにもお勉強的に数を教えようとすると、子どもは数を嫌いになってしまうことがあります。あくまで生活の中でのちょっとしたコメントとして、数や量に対してちょっと話題にする程度が大事です。数への興味を「かきたてよう」と熱心になりすぎてしまうと、会話がテストのようになってしまい、子どもは数についての会話が逆に嫌になってしまうかもしれません。**何事もさじ加減が大事なのです**。いつも「数のことをいわなくちゃ」と気負うのではなく、思い出したら言ってみる。そのくらいがちょうどいいのです。

子どもに必要なのは数や量に関することばかりではありません。基本的に、親子の対話すべてがことば力につながります。その時々に、子どもが話したがっていることを感じ取り、その中に、できればさりげなく数や量について触れるようにする。その程度で十分です。

方法8　デジタルは賢く使う、でも使いすぎない

家事で忙しい時、スマホを渡しておくと子どもは夢中で動画に見入ります。では動画を赤ちゃんのときからたくさん見ていると、「豊かな語彙」をつくる助けになるでしょうか？　このことを科学的に検討するには、同じ絵本を大人が子どもに読んであげるときと音声つきのデジタル絵本を見せたときの比較をすることが役に立ちます。

アメリカのサウスダコタ大学の研究者、ガブリエル・ストロースさんは子どものことばの力の発達と絵本読みの関係や、紙の絵本とデジタル絵本の効果の比較を長年研究しています。絵本を大人が子どもに対面で読んであげた場合と、同じ絵本を同じ人が読んだものを録画してタブレットで見せた場合に、その絵本で使われた新しいことば（その絵本を読む前には知らなかった単語）をどのくらい子どもが覚えたかを調べました。すると、対面で読んでもらった子ども

のほうが、新しいことばの意味の理解も、記憶もよいことがわかりました。

同じ内容のものを同じ人が読んだのに、いったいどうして対面とタブレットで差が出るのでしょうか？　デジタル絵本では一方向の「情報提供」になってしまいがちだからです。子どもと話をするとき、大人は特に意識をしなくても、自然に子どもの表情を見ます。子どもが眉《まゆ》をあげたり、顔をちょっとしかめたり、笑顔になったり、つぶやいたり、そういう瞬間にすかさず、反応します。子どもの理解に応じて読み方の抑揚のつけかたやスピードを調整したり、知らないことばを聞いてとまどう様子が見えたら、そのことばを子どもが知っている他の言い方で言い換えたりします。オノマトペ（擬音語や擬態語）を使ったり、ジェスチャーを使ったりして子どもの理解の不足をさりげなく補うこともしています。しかも、子どもの年齢や理解のしかたに応じて微妙に調整しているのです。こういうことを、人はごく自然に、無意識にすることができます。

一方、デジタル絵本や動画では、録画されたものが流れるだけです。子どもの表情やつぶやきに反応して、読み方を変える絵本は、今のところ存在しません。つまり、一瞬一瞬の子どもの反応に合わせた読み方や語りかけが生身の人間ならできるけれど、機械にはそれができないのです。その違いが、実は、子どもがうまくことばを自分の力で覚えていく力に大きく影響することがわかっています。小さい子どもが学ぶには、生身の人との社会的なかかわりが必要なのです。

大人との会話はことばの発達にとても重要です。でも、近くにいなくて、直接会うことが難しいときはどうしたらよいでしょう？　もしかしたらお父さんが単身赴任で毎日会ってお話しできないかもしれません。おじいちゃん、おばあちゃんも近くに住んでいなくてしょっちゅう会えないかもしれません。でも、安心してください。直接会ってお話しするだけでなく、スカイプなどのビデオの対話からでも、子どもは、ことばを覚えることができます。

昔はリアルタイムの対話は電話しかなく、長距離だと電話代も高くて、あまりひんぱんにはお話もできませんでした。それでビデオを撮ってそれを送っていたりもしました。でも、ビデオレターだと一方通行になってしまうので、それほど子どものことばの力を伸ばす効果は期待できないかもしれません。幸い今はネットを使ってリアルタイムの対話ができます。ビデオ対話からも子どもは新しいことばを覚えることができることが研究で示されているのです。遠くにいるおじいちゃん、おばあちゃんとのリアルタイムのビデオ対話はぜひひんぱんにしてください。

4

幼児期にことば力をつける方法

教えるより「足場かけ」

この章では子どものことばの力を豊かにして、ことばのセンスを磨き、さらに思考力を育てるために、日々の生活の中でできること、してほしいことを紹介してきました。最後に、それらに共通するとても大事な概念をお伝えしましょう。本書で、もっとも大事なことかもしれません。それは「**教えるより「足場かけ」**」です。

「足場かけ」とは、**学び手が自分で推論して発見できるように手助けをすること**です。子どもがもっともよく学べるのは、大人から直接知識を与えられるときではなく、自分で発見したときだ、ということを本書で繰り返しお伝えしてきました。しかし、子どもはなかなか自分ひとりではそれができないかもしれない。でも、そのときに大人のちょっとした工夫で自分では見つけられないことを見つけることができる。自分ひとりだと推論できないことを、推論できるようになるのです。それが「足場かけ」です。

私は、幼稚園・保育園や小学校・中学校で授業を見せてもらう機会がよくあります。その時、感心して「ああ、いい授業だなあ」と思う授業では、先生は必ずとてもよい足場かけをしていました。

一つ例をご紹介しましょう。ある小学校2年生の国語の授業で「たんぽぽのちえ」という文章を学んでいました。教科書で、「しぼむ」ということばがでてきました。多くの子どもたちが、「しぼむ」の意味がわからずにいました。そのとき、だれかが、「すぼめること？」と言いました。そのとき、先生が「「すぼむ」はどういうときに使いますか」と聞いたのです。すると、一人の子が「傘をすぼめる」と言いました。先生はさらに、「「傘をすぼめる」と言うけれど、傘は「しぼむ」と言いますか」と聞きました。そうして、子どもたちの中で、わいわい議論が始まりました。傘をすぼめる動作をやってみて、それが

引っぱりあげる
（教えてしまう）より

「足場かけ」で

子どもの自力の学びを支援

たんぽぽの説明でなぜ使われるのかなどを議論し、自分たちで「しぼむ」と「すぼむ」の違いを考えていました。

この時の、先生の問いかけはとても大事です。例えば、「「しぼむ」は小さく縮こまることだよ」「「すぼめる」は狭くすることだよ」と先生が教えてしまったとしましょう。そうすると、子どもは「しぼむ」は「すぼめる」と同じ意味だね、と誤解したままになってしまったかもしれません。先生はさらに、「「すぼめる」と言いますが、「しぼめる」と言いますか」とも聞きました。そこから「すぼむ」には「すぼめる」という他動詞の形があるけれど、「しぼむ」にはない、ということにも気づいた子どもがいたかもしれません。

まわりの大人の役割は「教えること」ではなく「足場かけ」です。子どもが自分の持っている能力と知識を自分で育て、磨いていけるようにお手伝いするように心がける。これを意識するだけで、あなたの子どもへの接し方はきっと変わり、子どものことばの力も思考力もアップするはずです。

5

思考力と学力を育てる絵本読み聞かせ

ここまでで、幼児期のことばの力が学力を支えることがおわかりいただけたと思います。ことばの力を育てるための、いくつかの具体的な方法も示しました。そこで、最後にもう一つ、幼児期にことば力を育てるのに必須とされている「読み聞かせ」についてお話ししましょう。読み聞かせは「足場かけ」の宝庫なのです。

小学校以降で必要な語彙のほとんどは読書から学ぶ

絵本を子どもに読んであげることは、ことばの力を育てるのに非常に効果的です。小さいころから絵本を読む習慣をつけると、どんないいことがあるのでしょう。

ずっとお話ししてきたように、小学校に入学して以降の学力には、ことばの力が絶対に必要です。国語の問題だけではありません。算数も理科も社会も、そして英語の学力にもことばの力は欠かせません。特にことばの力のなかでも語彙力がとても大事です。小学校以降学校で必要になってくる語彙は日常生活のことばでは足りない、と述べました。国語の教科書に出てくることばだけ覚えれば十分かというと、残念ながら十分ではないのです。ではどうしたらよいのでしょうか。読書で補うのがもっともよい方法です。

豊かな語彙力、つまり知っている単語の数だけではなくて深い理解をともなった語彙力を持つのにもっとも有効なのは、**どれだけ授業の外でも読書をするか**ということなのです。学力に影響を与える要因の最も大事なものが語彙だとしたら、読書の習慣はほんとうに大事だということになりますね。

小学生になってから読書の習慣をつければいいじゃない、と思われるかもしれません。でも、読書は小学生から始めるより、乳幼児期の絵本の読み聞かせからはじめたほうが確実にことば力や思考力が伸びます。

読みが上手にできるためには、文字が読める（音にできる）だけでなく、本で使われていることばの大半を知っていることが必要です。文章を読んで、文字をなんとか音に変換しても、語彙が貧弱で、知らない単語がいくつもあると、書いてあることを理解することが困難になります。言い換えれば、苦労なくすらすら読むことができるためには、幼児期に豊富な語彙を育てておくことがとても大事なのです。

日常生活の中で使う単語は意外と限られています。食べる、お散歩する、遊ぶ、寝る。そのようなルーチンの中から覚えることばも大事ですが、絵本を見ながらお話しすると、そのルーチンにないことばも自然に知るようになります。絵本の読み聞かせは、子どもの語彙を豊かにすることが多くの研究で示されています。

読みがまだ上手にできていない子どもに、いきなり本を読みなさいといって本を渡しても、なかなか自分からは読みたがらないかもしれません。でも幼児期から絵本を通して本が大好きになっている子どもは、読書の楽しさを知っています。子どもを勉強好きにしようと思ったら、子どもが勉強を「お勉強」と思わずに「楽しいこと」と思うことが大事です。少し前にもお話ししましたね。

本が大好きになっていれば、子どもは必ず「自分ひとりでも読みたい」と思うようになります。知らない文字があっても、まわりの大人に助けてもらって自分で読みたいと思うようになっていると、どんどん自分で読書をする習慣ができます。それが語彙を成長させ、小学校以降の学力の向上にも大きく影響するのです。

絵本選びと絵本読みのポイント

絵本には何歳用、と書いてあるものが多いので、それが一つの目安になるでしょう。ことばを話しはじめる前の赤ちゃんなら、絵が中心のものを選んで、そこから自由に絵についてお話をしてあげましょう。

もうすこし大きくなったら、文章がある楽しいお話を喜ぶでしょう。でも、中には、物語に興味を示さず、いつも乗り物や動物の図鑑を持ってくる子どももいると思います。そういうお子さんには、図鑑を材料にして親子でお話をしてください。その時、ただモノの名前を読んであげるだけではなく、それが何をするのかとか、どんな特徴を持っているのかをお話ししてあげましょう。そうすると、自然に動きことば（動詞）や様子ことば（形容詞）を使うようになります。前にもお話ししたように、動詞や形容詞をたくさん聞くことは、語彙を増やすだけではなく、相対的な見方をしたり、自分で枠組みを見つけたりする上でとても大事なのです。

基本的には、子どもの好きな本を読んであげてください。図書館などに行って、自分の子どもがどんなジャンルの絵本が好きかよく観察しましょう。ひと月に○冊チャレンジしましょう、といったプログラムがあるかもしれませんが、読んだ本の冊数より、子どもが楽しむことのほうが大事です。子どもは、好きなものを繰り返し読むのが大好き。子どもが前にも読んだ本をまた「読んで」と持ってきたら、「もうそれは読んだでしょ。別の本にしたら」などと言わず、その本を読んであげましょう。

人は繰り返しからとても多くのことを学びます。好きな本なら、10回読んでも、20回読んでも、一回ごとに別の読み方ができます。繰り返していくうちに、自然とそらで言えるくらいになります。自分で何度も繰り返し読んだり口に出したりして覚えたことばや文章は、自分の身体の一部になって、小学生になって、学校で発表するときや作文を書いたりするときに、自然に思い出して使うことができます。

ただし、ストーリーがない単語だけとか文だけを「さあ覚えましょう」と何回繰り返しても「生きた知識」にはなりません。人は、覚える必要がないこと、興味を持てないことは、暗記するのが苦痛です。また、単語だけ、文だけを暗記しても、使い方がわからないので、せっかく覚えても「死んだ知識」になってしまいます。

だから、読み聞かせを「お勉強」にしてしまうことはしないでください。ことばを覚えさせようと思って図鑑を見せて、「さあ覚えましょう」「このことばはもう覚えたよね」などというと子どもはそれを「お勉強」と思ってしまいます。「この間、ご本に出てきたじゃないの、覚えなかったの」は問題外。子どもを読書ぎらいにしてしまいます。

赤ちゃんも絵本からたくさん学ぶ

まだお話ができない赤ちゃんには早すぎる？　そんなことはありません。赤ちゃんのときから絵本を読んであげることは、ことばの発達にとってほんとうに重要です。赤ちゃん用なら、文がない、絵にひとことことばが書いてあるだけの絵本もありますね。絵本をいっしょに見ながら赤ちゃんに話しかける。そ

れが赤ちゃんをことばの世界に誘い、いずれ自由に読んだり書いたりできるようになるための最初の大きな一歩となります。

ちょっとした工夫で赤ちゃんをサポート

絵本をいっしょに読みながら（あるいは見ながら）知らないことばを聞けば、赤ちゃんはそのことばの意味を推測しやすくなります。語彙の知識を深めて「生きた知識」にするためには、

子どもが意味を推測しやすい状況でなるべくたくさんのことばを使うことがとても大事なのです。そのとき、赤ちゃんが意味を理解しやすいように、ちょっとした手がかりを与えてあげましょう。そう、4章でもお話しした「足場かけ」です。

例えば、ことばといっしょにジェスチャーを使ってあげると意味の推測がしやすくなります。1歳くらいの赤ちゃんのときに、お母さんが話しかけるときにジェスチャーをたくさん使うと、その子どもは、ジェスチャーを使わなかったお母さんの子どもと比べて、語彙がより発達しているという研究報告もあります。子どもが何かができないとき、**「直接教える」「大人が代わりにやってあげる」より「足場かけをしてあげる」**。**これが、子どもの思考力を伸ばします。**

オノマトペも役に立つ

オノマトペ（擬音語や擬態語）を使うこともとてもよいことです。オノマトペってなんでしょう？　イヌのことを「ワンワン」と言ったり、ブタのことを「ブーブー」と言ったりするあのことばです。オノマトペは音から意味を連想できるので、子どもは、意味を推論しやすいのです。

例えば「うがい」ということばがわからない子どもでも、「ガラガラペッ」してね、というとわかりやすいですよね。ある保育士さんが子どもに「ブクブクペッじゃないよ。ガラガラペッだよ」と注意している場面を目撃したことがあり、あまりにわかりやすくて感心しました。また、オノマトペを通じて日本語の音やリズムに親しんでいくこともできます。

まだことばを話すようになる前から赤ちゃんと絵本をいっしょに見ながら、ジェスチャーを使ったり、オノマトペを使ったりしてお話をしてあげると、赤ちゃんはお話を聞くことが大好きになり、もっともっととせがむようになります。絵本をいっしょに見ながらことばを楽しむ。これが、もうすこし大きくなって4、5歳になったときに、毎日でも本を読んでほしい、自分でも読みたいという気持ちにつながります。それが小学校以降での読みに必要な語彙を育てる準備ともなり、子どもが自分で読書をするようになる習慣づけに育っていくのです。

でも、ちょっと注意してください。オノマトペの役割も、子どもの語彙の大きさやことばについての知識の度合いによって変わってきます。ことばをあまり話せない赤ちゃんと、結構お話ができる3歳や4歳の子どもでは、オノマトペの役割もずいぶん違うのです。

私は、お母さんが、赤ちゃんから幼児期の子どもにどのようにオノマトペを使うのかを調べたことがあります。文字のない絵本を見せて、そのシーンを子どもにお話ししてもらったのです。先ほどもお話ししたように、語彙も少なく、まだ文を上手につくれない2歳前半の子どものお母さんたちは、文を言わずに、「ワンワン」とか「チョキチョキ」とか、「ピョーン」とか、オノマトペだけを言って、子どもと絵に描かれているシーンを共有していました。それが3歳くらいになって、文が言えるようになった子どもに対しては、「ほら見て、この女の子、「ピョーン」ってとんだね」というように大人が普通に使うことば（動詞）と併用してオノマトペを使っていました。5歳になると、オノマトペを使う回数はぐっと減り、「ピョーン」をつけずに「とんだね」とだけ言うようになりました。

お母さんたちは、オノマトペを使うと子どもが注目しやすい、理解しやすいことを経験的に知っていました。また、それだけでなく、子どものことばの発達の状態に合わせて、どのように使ったらいちばん効果的かも感覚的にわかっていたのです。

読者のみなさんも、子どもの表情や反応をよく見ながら子どもに話しかけてみてください。子どもがわからない、という表情をしたらオノマトペを使って言い換えてみてください。子どもの理解のしかたを表情から確かめながらお話することを習慣にしたら、子どもにあったことばの使い方が感覚的にわかってくると思います。それも大切な「センス」です。

小学校入学後もいっしょに本を読もう

4章で、ことばかけのサポートを幼稚園・保育園卒園でやめないで、と言いました。読書のサポートもそうです。子どもによっては5歳くらいで字を覚え、自分で本を読むようになります。そうなると、子どもへの絵本の読み聞かせをやめてしまう親が多いのではないでしょうか？　子どもが自分で本を読むことはすばらしいことです。でも読み聞かせは小学校に入学しても続けましょう。

読み聞かせがなぜいいのかがわかりやすく書かれたすてきな本があります。ジム・トレリースさんという方が書いた『できる子に育つ 魔法の読みきかせ』（筑摩書房）という本です。この本が最初にアメリカで出版されたのは一九七九年。それから今まで世界中の人たちに読み聞かせのすばらしさを伝え続ける超ロングセラーです。

この本の中で、「子どもが何歳になったら読みきかせをやめればいいのでしょうか？」という質問を取り上げていました。トレリースさんの答えは「何歳になってもやめないで」です。なぜでしょうか？　読み聞かせは一人で本を読む読書の習慣に子どもを誘います。でも、小学生になると、子どもも忙しくなり、興味・関心も多様になってきます。スポーツだったり、音楽だったり、ゲームだったり。もちろんそういう活動も大事ですが、だからと言って読書をしなくてよいということではありません。幼児期に本を読んでもらうことが大好きだった子どもを本の世界につなぎとめるには、読み聞かせの習慣を続けることが大事なのです。

もう一つ、読み聞かせのよいところは、子どもが自分では読めない難しい内容の本に触れることができるということです。小学校低学年の子どもはまだ文字を解読することがスラスラできません。だから、ページが文字で埋まっていて漢字も使っている児童書を読むのはまだ難しいでしょう。でも、大人が読んであげたら、ワクワクしながら本を楽しむことができるでしょう。そして、普段の会話では出てこないようなことばにも出会うことができるのです。

学校の授業を理解するには、抽象的な意味をもつことばを語彙に持っていることが大事、と前にお話ししました。子どもが自分では読むことができないちょっと難しい本を大人が読んであげる。これは、抽象的なことばを覚える絶好の機会になります。語彙が少ない幼児にはことばを使って新しいことばの意味を説明できない、ともお話ししましたが、小学生なら、抽象的な意味をもつことばをことばで説明することも可能になります。この時大事なのは、そのことばが状況の中で使われていて、子どもがその状況を理解しているということです。本を読んでもらって子どもがその内容に引き込まれている。こういうシチュエーションなら抽象的なことばを大人が説明したり、辞書で引いて知ったとしても、それを状況と結びつけることができ、記憶に定着させることができるのです。

　読み聞かせによいのは、物語だけではありません。図鑑も、モノの絵と名前が羅列されているだけだとつまらないかもしれませんが、大人にも楽しめるものがたくさんあります。

　最近とてもすてきな本に出会いました。『動物の見ている世界』（ギヨーム・デュプラ著、創元社）という仕掛け絵本図鑑です。犬、猫、馬、牛、ウサギ、ネズミなどの哺乳《ほにゅう》類、ハト、フクロウ、ワシなどの鳥類の他、カメレオン、ヘビ、カタツムリ、ミミズなどの動物のすてきな絵があり、目の部分をめくると、彼らが見ている世界が描かれています。

　ネコは極度の近視。馬や牛は顔の横に目がついているからパノラマのように広く周りが見えるけれども、真ん中は見えない。ミミズは光を感じるけど、モノが何かはわからない、灰色の世界に生きている。哺乳類、爬虫《はちゅう》類、鳥類、昆虫、軟体動物など、いろいろな動物の種類がいることも自然に覚えるし、それぞれの動物の名前を知ることができます。そしていろいろな生き物にとって世界がどう見えているのかが仕掛けをめくるとわかるのは、ほんとうにわくわくします。大人と子どもがいくらでも会話できるでしょう。どうしてそういう風に見えるのかという説明も書いてあります。説明は子どもでもわかるように書かれていますが、それでも「パノラマ」とか「遠近感」とか「進化」とか「適応」とか、難しいことばも出てきます。子どもの年齢や興味に応じて、説明してあげるとよいでしょう。親子で調べたらもっと良いですね。こういう風に知ったことばや知識は、「生きた知識」になること請け合いで、子どものことば力も伸び、思考力、学力もいっしょに伸びていくはずです。

この絵本は、たぶん小学校中学年以上をターゲットにしているのではないかと思います。でも、小さい子どもには、説明を本に書いてあるとおり読む必要はありません。動物の絵をみて、目のところをめくって、「ネコはほんとうに近いところしか見えないんだね」とか、「チンパンジーは人間とだいたい同じように世界が見えてるね」とか、コメントするだけでも十分です。子どもによっては物語にあまり興味を示さないで、図鑑やものごとの仕組みを説明した本を好きになるかもしれません。そういう子どもには、そういう本を材料にしてたくさんお話をしてあげましょう。

付録

「英語の学習をいつはじめるか問題」への考え方

英語教育にはみなさん頭を悩ませていることと思います。断片的な情報は大量にありますが、専門家でも違う意見を言うことがあります。「英語は幼児のときから勉強させないとダメなの？」「近所の○○ちゃんはもう英語塾に行っているそうだけど、ウチの子は水泳もやっているし、ピアノもやっているし、これ以上の習い事は正直負担」などと悩んでいる親御さんもたくさんいることでしょう。

多くの人たちは、いろいろなところから入ってくる断片的な情報を自分の子どもに当てはめてよいのかどうかがわからず悩んでいるように私には思えます。

読者のみなさんに知っていただきたい、とても大事なことがあります。**そもそも「小さい子どもは英語の発音や単語を覚えるスピードが速い」ということと、「小さい時から英語の勉強を始めればだれでも英語が自由に使えるようになる」ということはまったく別のことだということです。多くの人はこれを混同しています。**

小さい子どもは大人よりも外国語を覚えやすい。これは大方間違いではありません。しかし、だからといって、大人になったら外国語を覚えられない、とか、どんなやり方をしても子どものうちなら英語を楽にマスターできる、ということにはならないのです。

大人になってからでも、二つのことができれば、プロフェッショナルレベルの英語を身につけることができます。その二つとは——

①ことばのセンス
②自分で学び方を考えることができる力

です。この二つがあれば、英語はもとより、どんな外国語でも身につけられます。だから、幼児期には、英語を「生きた知識」にするために母語で「ことばのセンス」をつけていくことが大事なのです。

外国語の「よい」学習のしかたは一つではありません。たった一つの正解などないのです。子どもの置かれている環境によります。子どもの興味、関心にもよります。一番大事なのは、自分の子どもが今、何に一番興味を持って何をしたがっているかということを、子どもをよく見て、くみ取ってあげることでしょう。

英語にしろ、水泳にしろ、お絵かきにしろ、「習い事」として何かをしよう

プロフェッショナルレベルの英語を身につける、2つの力

としたら、コストがかかります。コストというと、みなさんが真っ先に思い浮かべるのはお金のことでしょう。しかし、**お金より大事なコストは子どもの時間です**。限られた時間の中で、しかも二度と戻らない幼児期の貴重な時間に、何をしたら子どもがいちばん幸せで、かつ、将来に必要な能力の基礎づくりができるのでしょうか？

大事なのは長期的な見通しです。英語を身につけさせたいなら、早い時期に始めればそれだけでOKということではありません。5歳で、英語であいさつが言えれば、「すごい」とほめられるかもしれません。でもあいさつだけ言えても大人になったときに仕事では通用しません。英語を使って世界で活躍するためには、中学でも高校でも大学でも――社会人になっても（ここが一番大事！）――英語を使いながら勉強しつづける必要があります。5歳でどんなにきれいな発音で流暢《りゅうちょう》にあいさつやきまり文句でコミュニケーションをとれたとしても、5歳児は5歳の知識の範囲でしか話せません。むしろ高校や大学での学習や、学校を離れてから自分でする学習の質と量がプロフェッショナルレベルに到達するかどうかを決めます。

子どもを英語の達人にしたければ、小さいうちに「英語の知識を入れる」より、「ことばのセンス」と「自分で学び方を考えることができる力」がつくよう、子どもを助けてあげましょう。そのとき、母語をないがしろにしてはいけません。

英語学習にもある「9歳の壁」

3章でお話しした「9歳の壁」は、実は英語の学習にもあります。先日、小学校の教科を英語で行う学校（「英語イマージョン教育」をしている学校）の先生が相談に来られました。その先生は、このように言っておられました。

「1、2年の時は楽しく英語をしゃべっていても、4、5年になると英語で書いたり、話したりすることが苦手になり、英語嫌いになる子が出てきます。また、英語を取り入れた幼児教育を実践している幼稚園や英会話スクールに通って英語好きだったわが子が、高学年になる頃には英語が伸びなくて悩んでいる保護者もいました。」

英語学習の目標は、英語を母語とする5歳児のレベルで日常会話ができるようになることではありません。小学校5年生なら5年生なりの、高校生なら高校生なりの知識のレベルにあった内容を理解し、表現できる力をつけることです。母語でさえも、「9歳の壁」をなかなか乗り越えられず、学校で学ぶ教科の内容についていけない子どもがたくさんいます。小さいころから英語を始めていれば、9歳の壁は問題にならないと思わないでください。英語の達人になるためには、日常会話のレベルでとどまらず、抽象的な深い概念を身体の一部のように自由に扱えるようにならなければなりません。そのためには「ことばのセンス」と「自分で考え、学ぶ力」が欠かせないのです。

両方の親が日本人で、外国で暮らす家庭の子どもでもこの問題で苦労しているということをよく聞きます。アメリカに住んでいる日本人のお父さんがその方のお子さんについて書かれた記事をネット上で見つけました。

> さて、アメリカ生活も５年目に入った２００８年頃、ついに大変なことに気づきました。以前から薄々感じてはいたのですが、子どもたちの日本語がおかしいのです。長男は小学校３年生、次男は小学校１年生だというのに、どちらの話す日本語も日本の幼稚園児レベルに思われます。正確に測定したわけではありませんが、語彙は著しく不足し、「てにをは」の使い方も不正確。少しでも複雑なことを伝えよう

とすると、言いよどんで口ごもる。その上、知らない日本語の単語は英単語に置き換えて話すので、こんな具合になっていました。

「パパ、outside で basket ball 遊んでいい?」

「道に歩いてたら、転んで、頭にたんこぶがついて、足に血が出た!」(中略)

　では、英語の方はペラペラになったのかというと、(中略)授業や同級生の英語がちゃんと分かっているのかと尋ねると、「ほとんど分かっているけれど、時々分からないこともある。同級生のように上手には英語を話せない」という返事。そういえば現地校の宿題をする際、よく「問題文の意味が分からない」と言って私に質問に来ます。(中略)学校でのテストも問題の意味が分からなくて時間切れになったことがあると言います。(「日本語が下手な日本人」『岡野龍介の「麻酔科医が見たアメリカ」』日経メディカル Online より)

親の仕事の都合で英語圏で暮らすことになり、現地の学校に通わせると自然に英語ができるようになるからうらやましい。そう思っている人は多いと思います。しかし、**ことばの問題はそんなに甘くない**のです。両親あるいはどちらかの親が日本語を母語としない家庭で育つと、日本で生まれて日本語をきれいな発音で話していても、日本の学校で学ぶのに日本語の力が十分でない子どもがたくさんいます。逆に、海外で暮らす日本人の子どもで、英語をきれいな発音でネイティヴのように日常会話は話せても、学校での勉強には十分なレベルにならず、苦労している子どももたくさんいます。日本人の両親を持ち、日本で育っても、日本語の力が十分でなくて、学校の学習についていくことが難しい子どものお話を3章でしましたが、まったく同じことが英語圏で暮らす日本人の子どもにも起こっています。**日常会話ができることば力と、学校の学びに必要なことば力ではレベルが異なる、ということをしっかり理解してください。**

英語を使ってことばの探究

英語で学習したことを「生きた知識」にして、英語を実際に使って抽象的な内容を考えたり、表現したりできるようになるために有効なこと。それは、英語を「暗記する」のではなく、日本語との違いを探究して楽しむことです。知識を深めるためにとても重要なのは「比べること」です。英語と日本語を比べることで、これまで気がつかなかった日本語の難しさや特徴に気づくことがあります。

例えば、日本語では「もらう」に対することばに「くれる」と「あげる」がありますね。英語ではどちらもgiveを使います。つまり「あげる」=giveではない。その気づきは、英語を学ぶときにもっとも大事な気づきにつながります。日本語と英語を比べることで、日本語、英語という個別の言語を超えた

「ことばのセンス」を磨いていくことができるのです。お父さん、お母さんといっしょに日々の会話の中でことばの不思議を見つけ探究してみましょう。「ことばのセンス」は知らないうちに育ちます。

日本語を大事にしながら外国語を学び、ことばのセンスを育てて大きくなったら外国語の達人になる。その準備をするにはどうしたらよいか。このことは、別の本で詳しくお話ししたいと思います。

ご両親へのメッセージ――自分の直感を育てよう

ここまで、子どものことばの力を伸ばすためのポイントをいくつかお話ししてきました。ことばの力を育てることは、同時に、考える力を育てることでもあることも繰り返しお伝えしてきました。でも、お父さんやお母さんにとって、知りたいことはまだまだたくさんあると思います。大学で言語と発達について研究している私のところにも、「子どもの反応に細かく合わせた読み方をする自信がない」「そもそも、子どもの発達段階にちょうどよい話しかけ方なんてわからない」などの声が届きます。また、仕事で忙しくしている人などは、「自分は子どもと常に接してなどいないから、適切な話しかけができていないのでは」と不安に思うこともあると思います。そういうとき、ついついスマホでネットを検索してしまいますよね。ネットで検索すれば、なにかしらの情報

――専門家の意見だったり、普通の人の体験だったり、感想だったり――がヒットします。

でも、子どもは一人ひとりみな違う特徴を持っています。知識や興味、理解のしかたは子どもによって異なります。また、2歳の子どもにこうしたらよい、という方法は、3、4歳の子どもには通用しないと思ったほうがよいと思います。乳幼児期は、ほんとうに発達の変化が大きいものです。同じ子どもでも、2歳と3歳、3歳と4歳、4歳と5歳では、知識も情報処理能力も実行機能も、大きく変化します。子どものことばに関する知識やことばを操る能力も月単位でどんどん変わっていきます。ことばを話し始める前の赤ちゃんへのよい話し方と、自分の言いたいことをずいぶん自由に話せるようになった子どもへのよい話し方はまったく異なります。それを全部いっしょにして、どの子どもにも最適な方法というのは、ありえません。

もちろんネット情報が役に立たないと言いたいわけではありません。ネットには役に立つ情報がたくさんあります。しかし、一般的には有益な情報でも、それが自分の目の前の子どものために役に立つかどうかの判断は、お父さんやお母さんがしなければなりません。**スマホ先生が教えてくれることが、わが子にとって、一年前なら役に立っても、今日役に立つかどうかはわからない。情報がたくさんあればあるほど、それが今の自分の子どものために役に立つかどうかという判断が大事になるのです。**

ネット情報や、育児書からの情報を「生きた知識」にするのに必要なこと。それはお父さんやお母さんが、「わが子を観察し、わが子の気持ちを理解する達人」になることです。こんなことを言うと、ますます、すごくハードルが高いと思われるかもしれません。そんな難しいこと自分にはできない、と思ってしまった方もいるかもしれません。でも心配しなくても大丈夫。子どもに身近に接している大人は、ごく自然に自分の子どものことばの発達、理解の度合いに応じて、子どもへの話し方やことばの使い方をどんどん変えているということが、たくさんの研究からわかってきています。

時にスマホをわきに置いて、自分の子どもの様子をずっと見ながら話しかけ、子どもの反応をよく観察してみてください。表情や返答、話の内容を注意深く観察していると、目の前の子どもがどういうことばならわかるか、どういう言い方の工夫をすればわかりやすいかなどが自然とわかるようになるはずです。

デジタル絵本を見せるより、対面で読んであげたほうが子どもは内容を覚えたり、新しいことばを覚えたりしやすいという話を思い出してください。人間は、ほんとうに少しの表情の変化で、子どもが理解しているかいないか、楽しんでいるかいないかなどを察知し、対応する能力を持っています。

もちろん、慣れるまでに少し時間がかかるかもしれません。なんでも達人になるのは時間がかかるし、努力も必要です。でも気負わず、忙しい毎日の中で、少しだけ意識して子どもとお話ししてみてください。きっと目の前の子どもにもっとも合った話し方をするためのカンがつかめるはずです。

今井むつみ
MUTSUMI IMAI

慶應義塾大学環境情報学部教授。赤ちゃんや幼児を対象に実験をして分かったことを論文にし、世界を舞台に活躍する発達心理学者。近年は、ことば力やことばのセンスを測定するアセスメントの開発や、一般読者向けの本の執筆・講演活動にも力を入れている。

著書に、『ことばと思考』『学びとは何か』『英語独習法』(岩波新書)、『ことばの発達の謎を解く』(ちくまプリマー新書)、『言葉をおぼえるしくみ――母語から外国語まで』(針生悦子氏と共著、ちくま学芸文庫)、『算数文章題が解けない子どもたち』(共著、岩波書店)など。小学校国語教科書にも文章が掲載されている。本書は、小さな子どもを育てる保護者に向けて初めて書き下ろした本となる。

親《おや》子《こ》で育《そだ》てる
ことば力《りょく》と思《し》考《こう》力《りょく》

2020年3月30日　初版第1刷発行
2024年3月15日　初版第3刷発行

著者　今井むつみ
装丁　アルビレオ
発行者　喜入冬子
発行所　株式会社 筑摩書房
東京都台東区蔵前2-5-3 〒111-8755
電話　03-5687-2601(代表)

印刷・製本　三松堂印刷株式会社

ISBN 978-4-480-84749-2　C0037